Cornelius Hartz

7 x 7 Weltwunder

Berühmte Stimmen zu den bedeutendsten Bauwerken der Antike

Der Rosselenker berichtete leuchtenden Auges von den Kämpfen der mittelalterlichen Barone jener berühmten Stadt, als hätte der Analphabet Ferdinand Gregorovius studiert. Es war eben ein Volk, bis ins Innerste durchdrungen von dem Bewußtsein, noch immer überall dort zu herrschen, wo es einstmals vor Jahrtausenden geherrscht hatte. Also über den halben Erdkreis!

Richard Voß, *Brutus, auch Du!*

Inhalt

Paris

Vers-Pont-du-Gard
Nîmes

Alcántara

Tarragona

Rom Tivoli

Agrigent Taormina

Istanbul

Pergamon

Ephesos

Athen
Epidauros Samos Didyma
Ägina Bodrum

Rhodos

Babylon

Knossos

Baalbek

Bosra

Jerusalem Masada

Alexandria

Petra

Gizeh

Luxor
Edfu

Abu Simbel

VORWORT

Sieben Weltwunder sind nicht genug

Die Sieben ist eine magische Zahl. Sieben Wochentage, sieben Todsünden, siebter Himmel, Siebenschläfer, sieben Meere, sieben Geißlein und sieben Zwerge. Sieben Himmelskörper konnten die frühen Astronomen am Himmel ausmachen, dem Gott Apollon war die Zahl Sieben geweiht, sieben Arme hat die jüdische Menora ... die Beispiele sind zahlreich. So gab es natürlich auch sieben Weltwunder, als man in der Antike daran ging, Reisenden Empfehlungen auszusprechen, was in fremden Landstrichen besonders sehenswert war.

Die älteste erhaltene Liste der sieben Weltwunder findet sich in einem Epigramm des Antipatros von Sidon (S. 136), verfasst ca. 100 v. Chr. Er nennt darin die Stadtmauern von Babylon, die Zeusstatue von Olympia, die hängenden Gärten von Babylon, den Koloss von Rhodos, die Pyramiden von Gizeh, das Grab des Königs Mausolos II. und den Artemistempel von Ephesos. Allerdings erfüllt das Gedicht einen bestimmten Zweck: All diese Bauwerke, so der Autor, habe er gesehen, doch die ersten sechs seien nichts gegen das siebte, den Artemistempel von Ephesos. In gewisser Weise hat er recht: Dieser Tempel ist der größte, der jemals in der griechisch-römischen Antike entstand.

In der Spätantike erfuhr diese Liste eine entscheidende Modifikation. Die Mauern von Babylon waren so weit dem Vergessen anheimgefallen, dass sie gestrichen und stattdessen durch ein immer noch existierendes technisches Meisterwerk ersetzt wurden – den einzigartigen Leuchtturm von Pharos in der Stadt Alexandria, das wohl höchste Bauwerk des Altertums. Schon dies zeigt die Subjektivität der damaligen Auswahl.

In dieser neuen Form wurde die Liste der sieben Weltwunder kanonisch für die Renaissancezeit, als man die Antike, ihre Bauten und ihre Bedeutung für die europäische Kultur wiederentdeckte und neu schätzen lernte. Die im 18., 19. und 20. Jh. methodisch immer weiterentwickelte

Disziplin der Archäologie brachte längst vergessene Schätze ans Licht, die unter meterhohen Erd- oder Sandschichten verborgen waren, über denen im Mittelalter Städte entstanden waren, die zu Kirchen oder Festungen umgebaut worden waren oder die einst im Meer versanken. Die Museen Mitteleuropas, aber auch Amerikas und Asiens füllten sich mit Artefakten aus Rom, Griechenland und dem Orient.

Natürlich war man besonders begierig darauf, die sieben Weltwunder wiederzufinden. Doch da hatte man Pech: Nur noch die Pyramiden standen, wenn auch nicht ganz intakt, an Ort und Stelle; vom Artemistempel und dem Grab des Mausolos fand man immerhin noch Spuren. Alles andere war unwiederbringlich verloren (die Mauern von Babylon wurden zwar ausgegraben, gehörten aber längst nicht mehr zum Kanon). Und doch hat man inzwischen viele Dutzend weitere in der Antike entstandene Gebäude und Konstruktionen entdeckt, die ebenfalls einen Platz in der Liste der Weltwunder für sich beanspruchen können. Sie sind Wunderwerke antiker Technik, meisterliche Ingenieursleistungen und demonstrieren ein ums andere Mal, wozu der Mensch schon im Altertum fähig war, aber auch, was er das dunkle Mittelalter hindurch vergaß, verdrängte und verrotten ließ.

Nichtsdestotrotz haben auch die verschwundenen Weltwunder ihre Spuren hinterlassen: in der Literatur. Im 1. Jh. n. Chr. besuchte der Autor einer berühmten Naturgeschichte, Plinius der Ältere, Rhodos und hatte dabei Gelegenheit, den sagenumwobenen Koloss von Rhodos an Ort und Stelle zu bestaunen – freilich nachdem die Bronzestatue schon lange umgefallen und zerbrochen war: „Nur wenigen gelingt es, den Daumen mit den Armen zu umfassen, die Finger allein sind größer als die meisten Statuen. Wo die Glieder auseinandergebrochen sind, gähnen riesige Höhlen. Im Inneren sieht man auch noch die Felsbrocken, die durch ihr Gewicht das Aufstellen der Statue erleichterten." Doch die Literatur, die belletristische wie auch die Sachliteratur, vermag viel mehr als bloß mit Worten Gegenstände abzubilden: Sie kann uns Stimmungen und Gefühle vermitteln, uns Neues erleben lassen und reist mit uns in die Vergangenheit.

Alle 49 in diesem Band vorgestellten antiken „Weltwunder" haben ihren Platz in der europäischen Literatur gefunden. Schriftsteller, Reisende, Dichter, Forscher, Unterhaltungsautoren von der Antike bis heute: Sie alle kommen hier, meist ausschnittsweise, zu Wort und spiegeln uns, wie man in ihrer Epoche und ihrem Kulturkreis die Begegnung oder Wiederbegegnung mit den Monumenten des Altertums erlebt hat – mal heiter, mal dramatisch, mal sachlich, nachdenklich oder auch unfreiwillig komisch. Bei den Textstellen ist das Jahr der Entstehung in Klammern gesetzt; die Orthographie der deutschen Originaltexte wurde getreu der Vorlage belassen.

Die Auswahl der jeweils kurz beschriebenen Monumente ist dabei zwangsläufig eine subjektive – wie es ja auch die antike Liste der sieben Weltwunder war. Immerhin folgt sie aber bestimmten objektiven Kriterien. So finden sich neben den kanonischen sieben Weltwundern die größten griechischen Tempel, die besterhaltenen Theater, die beeindruckendsten Profanbauten und die beliebtesten touristischen Sehenswürdigkeiten. Topographisch konzentriert sich der Band auf die Stätten der klassischen Antike im (weiter gefassten) Mittelmeerraum, vom römischen Spanien über Konstantinopel, das minoische Kreta, Babylon und Palästina bis nach Ägypten, und schlägt somit eine Brücke über mehr als 3000 Jahre antiker Baukunst. Der eine oder die andere mag bemängeln, dass ihr oder sein Lieblingsmonument fehlt – aber sicherlich werden mir alle Leser in einem zustimmen: Sieben Weltwunder sind einfach nicht genug!

SPANIEN &

SÜDFRANKREICH

Die südlichen Gebiete waren
die eigentliche Erbschaft Roms von den
Karthagern und ihr Kern Andalusien; alles
Land, was südlich lag bis nach Gades hin, zu
den sogenannten Säulen des Hercules, wo
das europäische und afrikanische Festland
über die Meerenge einander grüßen.

Aus: W. F. A. Zimmermann,
Der Mensch, die Räthsel und Wunder seiner Natur (1871)

Brücke von Alcántara

Brücken gehören zu den großen architektonischen Meisterleistungen der alten Römer. Sie durchzogen Europa mit einem gut ausgebauten Straßennetz und ein ums andere Mal mussten sie dabei einen Fluss oder eine Schlucht überbrücken. Da Brücken, anders als z.B. Tempel, in der Regel im Mittelalter nicht ihre Funktionalität einbüßten, blieben sie oft relativ gut erhalten, wie diejenige bei Mérida oder der

Pont Flavien. Die beeindruckendste Straßenbrücke aus römischer Zeit ist aber sicherlich die Brücke beim spanischen Alcántara, die seit über 1900 Jahren über den Tajo führt. 194 m lang und 50 m hoch gelegen ist ihre Fahrbahn und mitten darin steht, ebenfalls quasi unversehrt, ein Ehrenbogen für Kaiser Traian. Die Brücke besteht komplett aus Quadersteinen, die in der typischen Bauweise des späten 1. Jhs. n. Chr. ohne Mörtel aufeinandergeschichtet sind und einander nur durch die ausgeklügelte Bauweise stützen (zugegeben: an ein paar neuralgischen Punkten helfen Metallklammern ein wenig nach). Heute ist die Brücke natürlich eine berühmte Sehenswürdigkeit; dass der Kunsthistoriker Jules Gailhabaud Mitte des 19. Jhs. erwähnt, sie sei „so wenig bekannt", erstaunt bei einem so schönen und auch so alten Bauwerk, aber man muss bedenken, dass es zu dieser Zeit ja noch keinen Massentourismus gab. Und wer nahm eine Reise bis weit in die Extremadura auf sich, um sich eine Brücke anzusehen? Übrigens geht der Name der Stadt direkt auf dieses Bauwerk zurück: Die Mauren nannten sie, nachdem sie Spanien erobert hatten, „al-Qantara" – das heißt nichts weiter als „die Brücke".

Aus: Jules Gailhabaud, *Denkmäler der Baukunst* (1850)

In dem spanischen Estremadura zwei und eine viertel Stunde von der portugiesischen Gränze befindet sich an dem Rande einer wilden Bergschlucht, die der Tajo durchrauscht, eine kleine Stadt, die man für das *Lancia* oder *Norba Caesarea* der Alten nimmt, dem Plinius auch den Namen *Norbensis colonia* giebt. Von den Mauren im VIII Jahrhundert erobert, empfing sie von ihnen den Namen Al Cantera, die Brücke, wegen einer prächtigen antiken Brücke, dem Gegenstande dieses Aufsatzes, die für eines der schönsten Bauwerke dieser Art gelten kann. Diese so merkwürdige und so wenig bekannte Brücke ist allein in Laborde's *Voyage en Espagne* beschrieben. Obwohl Laborde's Zeichnungen dieser Brücke so wie seine Beschreibung derselben manche Ungenauigkeiten enthalten, so haben sie doch unserer Arbeit zur Grundlage gedient.

Auf der Mitte der Brücke erhebt sich ein kleiner Triumpfbogen, der von verschiedenen Völkerschaften dieses entfernten Theils Iberiens dem Kaiser Trajan, ihrem Landsmann, errichtet worden, wie eine vollkommen erhaltene Inschrift auf dem Friese dieses Bogens anzeigt [...].

Der blosse Augenschein genügt um zu erkennen, dass Brücke und Triumpfbogen zu gleicher Zeit und nach einem Plane gebaut wurden, und aus der ersten Inschrift geht hervor, dass die Brücke im Jahre 103 unserer Zeitrechnung errichtet wurde. [...]

Kriege und Eroberungen haben an der Brücke manche Veränderungen hervorgebracht: Thürme und Forts sind an den Enden der Brücke errichtet oder an dem Triumpfbogen angebaut worden, der selber eine Zinnenkrönung erhalten hat; von allen diesen Schmarotzerbauten existiert jetzt nur noch ein Thurm mit einigen zugehörigen Werken, die den Eingang der Brücke von der Landseite her vertheidigen, und die Strasse, die nach Portugal führt, beherrschen. Bei den verschiedenen Eroberungen der Stadt haben Mauren und Portugiesen mehrere Brückenbogen gesprengt, um die Passage über die Schlucht zu unterbrechen, ohne dass dadurch die übrig gebliebenen Theile an Festigkeit verloren haben; übrigens ist die Wiederherstellung der zerstörten Theile mit solcher Sorgfalt geschehen, dass sie den antiken Bau weder an Festigkeit noch an Schönheit weichen, und es schwer ist sie auf den ersten Blick von den alten zu unterscheiden.

Jules Gailhabaud (1810–1888), französischer Architekturhistoriker und Spezialist für antike und mittelalterliche Kunst, war Mitglied der Académie royale de Belgique und schrieb ein wegweisendes Werk über die antike Baukunst. 1871 fiel seine umfangreiche Bibliothek einem Brand zum Opfer.

Maison Carrée

Nîmes

Der besterhaltene römische Tempel steht nicht in Italien, sondern in Nîmes in Südfrankreich, in der früheren römischen Provinz Gallia Narbonensis. Er trägt den ebenso klangvollen wie pragmatischen Namen „Maison Carrée" – „rechteckiges Haus". Mit 26 x 13 m ist er nicht allzu groß (worauf Alphonse Daudet in witziger Weise anspielt), aber ein exzellentes Beispiel für den Podiumstempel, eine besondere Bauform, die in der augusteischen Zeit beliebt war. Agrippa, ein enger Vertrauter des Kaisers Augustus, ließ den Tempel etwa um 19 v. Chr. bauen und weihte ihn den Söhnen des Princeps. Schon im 4. Jh. bemächtigte sich die Kirche des Tempels und man machte u. a. ein Kloster daraus. Dadurch entging er so gut wie unbeschädigt der Zerstörung, ebenso die fensterlose Cella, die bei ganz wenigen antiken Tempeln auch nur ansatzweise erhalten ist. Die Umfunktionierung schützte das Gebäude jedoch nicht davor, im Inneren umgebaut und über die Jahrhunderte immer mehr in die umliegende Architektur integriert zu werden. Erst im 19. Jh. entfernte man die Umbauten und legte den Tempel wieder frei, indem man benachbarte Bauten abriss. Dabei kam auch ein Teil des großflächigen Forums wieder zum Vorschein, das den Tempel, der in der Antike im Stadtzentrum stand, einst umgab. Heute dient die Maison Carrée als 3-D-Kino: Im Inneren zeigt die Organisation Culturespaces Nîmes Romaine in kurzen Abständen einen 20-minütigen Film über die Geschichte der Stadt.

Aus: Alphonse Daudet, *Die wunderbaren Abenteuer des Tartarin von Tarascon* (1872)

Tartarin, der durch vielerlei Lektüre auf diesem Gebiete sehr unterrichtet war, gab mit größter Zuvorkommenheit jede nur erwünschte Auskunft, und das Ende vom Liede war, daß der Biedermann selbst nicht mehr recht wußte, daß er nicht in Schanghai gewesen war. So erzählte er denn auch mehr als hundertmal den Angriff der Tataren: seine Geschichte schloß regelmäßig mit den Worten: „Und nun ließ ich alle meine Angestellten bewaffnen, hißte die Konsulatsflagge, und dann ging's piff, paff aus den Fenstern auf die Tataren." Staunend hörte der Klub die Erzählung an, und jeden überlief es kalt bei der Schilderung des Kampfes.

Nun möchte wohl so mancher meiner Leser einwerfen: „Dann war ja dieser Herr Tartarin ein ganz abscheulicher Lügner."

O nein! Tartarin war durchaus kein Lügner.

„Aber er mußte doch recht wohl wissen, daß er niemals nach Schanghai gereist war."

Nun ja, das wußte er allerdings. Und dennoch ...

Ich will das näher zu erklären versuchen.

Es ist wirklich an der Zeit, sich ein für allemal darüber zu verständigen, daß die Bewohner der nördlichen Länder denen der südlich gelegenen ganz mit Unrecht den Vorwurf machen, sie seien alle zusammen Lügner. Es gibt keine Lügner im Süden, weder in Marseille noch in Nimes, weder in Toulouse noch in Tarascon. Der Südländer lügt eben nicht, er – irrt sich nur; er ist stets in einer eigentümlichen Selbsttäuschung befangen. Er sagt nicht immer die Wahrheit, das ist richtig – aber er glaubt doch immer, daß er sie sagt.

Die Lüge des Südländers ist keine Lüge, wenigstens ist sie nicht das, was man für gewöhnlich mit diesem Worte bezeichnet, sondern sie ist eine ganz merkwürdige Erscheinung.

Ja, ein merkwürdiges Etwas! Und wer mich nicht ganz versteht oder wer sich von der Richtigkeit meiner Behauptung überzeugen will, der gehe einmal nach dem Süden. Er wird sein Wunder erleben. Er wird den Dämon dieses Landes kennen lernen, in dem die Sonne alle Gegenstände so eigentümlich beleuchtet, daß sie in ganz anderen Dimensionen erscheinen, als sie in Wirklichkeit haben. Die kleinen Hügel der Provence, die nicht höher sind als der Montmartre, werden ihm als riesig hohe Bergzüge erscheinen. Die Maison carrée in Nimes, die auf dem Nippestisch Platz zu haben scheint, kommt ihm so groß vor, wie Notre-Dame in Paris.

Der Beschauer wird auch entdecken,

Alphonse Daudet (1840–1897) war ein französischer Schriftsteller und Mitglied der Pariser Bohème. *Tartarin von Tarascon*, eines seiner frühen Werke, blieb bis zu seinem Tod sein bekanntestes. Er ließ noch zwei Bände mit den Abenteuern des Protagonisten folgen.

daß der einzige südländische Lügner, wenn überhaupt von einem solchen die Rede sein kann, die – Sonne ist. Alles, worauf ihre Strahlen fallen, verändert und vergrößert sie. Was war denn Sparta zur Zeit seines höchsten Glanzes und Ruhmes? Ein Marktflecken. Und was war Athen? Höchstens das, was man heute als kleines Landstädtchen bezeichnet. Und doch erscheinen sie uns in der griechischen Geschichte als Großstädte. Die Sonne hat's gemacht.

Aqüeducte de les Ferreres

Tarragona

Die Katalanen nennen diese eindrucksvolle Aquäduktbrücke „Pont del Diable", „Brücke des Teufels". Wann der Aquädukt errichtet wurde, ist nicht ganz klar; die meisten Anhaltspunkte sprechen dafür, dass er in augusteischer Zeit entstand, auf jeden Fall wohl im 1. Jh. n. Chr. Die Brücke zählt zu den besterhaltenen Beispielen aus römischer Zeit – wahrscheinlich weil sie mehrere Kilometer von der antiken Stadt Tarraco, dem modernen Tarragona, entfernt lag, sodass sie nicht allzu attraktiv für Steinräuber war. Außerdem versorgte die Wasserleitung, die über diese Brücke führte, bis ins Mittelalter hinein die Bevölkerung von Tarragona mit Wasser, sodass sie immer wieder ausgebessert wurde – und, wie man bei Joseph Townsend nachlesen kann, auch noch im 18. Jh., auf Kosten der Kirche. Heute findet man das Bauwerk an der Kreuzung der Autobahn AP7 mit der Schnellstraße N240. Aber es lohnt sich, an der dortigen Mautstelle zu parken und den 2005 hier entstandenen „Parc ecohistòric del Pont del Diable" zu besuchen: 217 m lang ist die Brücke, 27 m hoch und im Großen und Ganzen so vollständig erhalten, dass sie aussieht wie frisch erbaut. Man kann sogar von einem Ende zum anderen darüberspazieren – wenn auch bitte ganz vorsichtig.

Aus: Joseph Townsend,
Reise durch Spanien in den Jahren 1786 und 1787 (1791)

Eine Stunde hinter Hospitalet kommt man in eine fruchtbare Ebene, welche auf der linken Seite von Bergen eingefaßt ist, und auf der rechten die See hat. Wir reisten nun einige Stunden durch einen beständigen Garten, der mit zahlreichen Dörfern besetzt ist, und ostwärts vor uns warfen die hohen Thürme ihrer Kirchen die Strahlen der untergehenden Sonne zurück. Dieses ergiebige Thal, Campo de Tarragona genannt, trägt in einer beständigen schnellen Folge hinter einander Weizen, Gerste,

Mais, Bohnen, Erbsen, Garbanzos, Vicebohnen, Lauch, Zwiebeln, Knoblauch, Melonen, Gurken, Kalebassen, (cucurbita lignosa L.) Artischocken, Oliven, Oel, Wein, Mandeln, Granatäpfel, Feigen, Aprikosen, Johannisbrod, Flachs, Hanf, Seide, Luzerne, und allerley andre Gewächse, die theils zur Fütterung des Viehes, theils zur menschlichen Nahrung dienen.

In der Nähe von Tarragona wurden die Oelbäume niedergeschlagen, um den Weinreben Platz zu machen, zu einer Zeit da der Branntewein starken Abgang fand, seitdem dieser aber im Preise gefallen ist, hat man keine Oelgärten wieder angelegt.

Tarragona kann einen Liebhaber der Alterthümer unter allen spanischen Städten am meisten beschäftigen. Seine Aufmerksamkeit wird hier mannichfaltig gereizt, er findet Ueberbleibsel von einem Amphitheater, von einem Theater, von einem Circus, von einem Palast Augusts, von Tempeln, von einem Aquädukt, von Befestigungswerken, die zwar nicht von gleichem Alter mit jenen, aber doch auch alt sind.

Die Stadt hieß bey den Römern Tarraco. Man hat hier auch viele Münzen und Inschriften gefunden. Weil Scipio sie befestigte, so giebt man ein altes Grabmal, welches zwischen hier und Barcelona hinter Alta Fuilla linker Hand von der Strasse im Gebüsche steht, für das Grab des Vaters und Oheims vom Scipio Africanus, welche beyde in Spanien getödtet wurden, aus. [...]

Die Wasserleitung bringt das Wasser 7 Stunden weit her und ist vermittelst einer Brücke über eine tiefe Ravine geleitet. Diese ist 700 Fuß lang und 100 Fuß hoch; unten hat sie 11 Bogen, und oben 25. Der verstorbne Erzbischof hat sie bloß auf seine Kosten wieder herstellen lassen.

Joseph Townsend (1739–1816)
war ein englischer Geistlicher, Arzt und Geologe. Er war einer der frühesten Verfechter der Einführung eines Systems zur sozialen Absicherung und Unterstützung der Armen. Außerdem entdeckte er ein Heilmittel gegen Syphilis.

Pont du Gard
Vers-Pont-du-Gard

Diese Aquäduktbrücke ist nicht nur eine der besterhaltenen ihrer Art, sie ist zugleich das größte römische Bauwerk, das man in Südfrankreich besichtigen kann – der Pont du Gard, benannt nach dem Fluss, der unter ihm hindurchfließt (auch wenn dieser heute „Gardon" heißt und nicht mehr „Gard"). 275 m lang ist die Brücke, deren Wasserleitung einst Nemausus (Nîmes) mit 20 Millionen Litern Wasser pro Tag versorgte. Bis ins Frühmittelalter wurde der Aquädukt als solcher genutzt, später dann zur Straßenbrücke umfunktioniert. Was der berühmte Aufklärer Rousseau im 18. Jh. in seinen „Bekenntnissen" eindrucksvoll beschreibt, gilt heute nicht weniger: Wer unter dieser Brücke steht, die so hoch ist wie ein 15-stöckiges Gebäude, kann kaum anders, als in Ehrfurcht vor der Baukunst der alten Römer zu erstarren, die selbst einem doch eigentlich alltäglichen „Gebrauchsgegenstand" wie einer Leitung zur Versorgung der Bevölkerung mit Wasser etwas Erhabenes zu verleihen vermochte. Und dann die Nerven mit einem Schluck Evian, Perrier oder Volvic zu beruhigen.

Aus: Jean Jacques Rousseau, *Rousseau's Bekenntnisse* (1765)

Ich beendete meine Reise, während ich sie in der Erinnerung noch einmal durchmachte, und jetzt sehr zufrieden, in einem guten Wagen zu sitzen, weil ich mit noch größerem Behagen von den genossenen Freuden und denen, die mir verheißen waren, träumen konnte. Ich dachte nur an Saint-Andiol und an das reizende Leben, das meiner dort wartete; ich sah nur Frau von Larnage und ihre Umgebung; das ganze übrige Weltall war für mich nichts, selbst Mama war vergessen. Ich beschäftigte mich damit, in meinem Kopfe alle die Einzelheiten zusammenzustellen, in welche mich Frau von Larnage eingeweiht hatte, um mir im voraus eine Vorstellung von ihrer Wohnung, ihrer Nachbarschaft, ihrem Verkehrskreise, ihrer ganzen Lebensweise zu geben. Sie hatte eine Tochter, von der sie mir sehr oft wie eine blind eingenommene Mutter erzählt hatte. Diese Tochter stand im sechszehnten Jahre, war lebhaft, reizend und von liebenswürdigem Charakter. Man hatte mir versprochen, ich würde von ihr auf Händen getragen werden, und ich war sehr neugierig mir vorzustellen, wie Fräulein von Larnage den guten Freund ihrer Mama behandeln würde.

Das waren die Gegenstände meiner Träumereien von Pont-Saint-Esprits bis nach Remoulin. Man hatte mich zur Besichtigung des Pont du Gard aufgefordert, was ich nicht zu thun verabsäumte. Nachdem ich einige vorzügliche Feigen zum Frühstück gegessen hatte, nahm ich mir einen Führer und machte mich auf den Weg, mir den Pont du Gard anzusehen. Es war das erste Römerwerk, das ich sah. Ich hatte erwartet, ein Baudenkmal zu sehen, würdig der Hände, die es errichtet hatten. Aber dieses Werk übertraf meine Erwartung, und das war das einzige Mal in meinem Leben. Die Römer allein waren im Stande, eine solche Wirkung hervorzubringen. Der Anblick dieses einfachen und großartigen Werkes überwältigte mich um so mehr, weil es inmitten einer Einöde liegt, wo die Stille und Einsamkeit das Werk großartiger erscheinen lassen und die Bewunderung um so lebhafter machen, denn diese sogenannte Brücke war nur eine Wasserleitung. Man fragt sich, welche Macht diese ungeheuren Steine, so weit von jedem Steinbruch entfernt, hierher geschafft und die Arme von so vielen Tausenden von Menschen in einer unbewohnten Gegend zusammengebracht hat. Ich durchstreifte die drei Stockwerke dieses großartigen Gebäudes, auf welches die Ehrfurcht mir beinahe die Füße zu setzen verbot. Der Wiederhall meiner Schritte unter diesen unermeßlichen Gewölben kam mir wie die gewaltige Stimme ihrer Erbauer vor. Ich verlor mich wie ein Insekt in dieser Unermeßlichkeit. Ich hatte, so klein ich mich auch machte, ein eigenthümliches Gefühl, das mir die Seele erhob, und seufzend sagte ich zu mir: „Ach, daß ich nicht als Römer geboren bin!"

Mehrere Stunden blieb ich dort in einer entzückenden Betrachtung. Ich kehrte zerstreut und träumerisch von dort zurück, und diese Träumerei war der Frau von Larnage nicht günstig. Sie hatte wohl daran gedacht, mich gegen die Mädchen von Montpellier zu schützen, aber nicht gegen den Pont du Gard. Man denkt nie an alles.

Jean Jacques Rousseau (1712–1778) war Philosoph und Pädagoge; er gilt als der bedeutendste Vertreter der französischen Aufklärung und einer der geistigen Väter der Französischen Revolution. Seine *Bekenntnisse* gelten als Geburtsstunde der modernen Autobiografie.

ITALIEN

Bald danach saß der Kaiser mit seiner Gefolgschaft in den goldblinkenden Sätteln. Zehn riesige Fackeln warfen ihr unruhiges Licht über das schweigsame Forum – bis hinauf zu den Zinnen des Kapitols. Flammrot bestrahlt, ragten die Säulen des Saturnustempels und die düsteren Gemäuer des mamertinischen Kerkers zum wolkigen Himmel auf.

Ernst Eckstein, *Nero* (1897)

Concordiatempel

Agrigent

Im *Valle dei Templi* bei Agrigent kann man eine ganze Reihe atembe-
raubender Tempel entdecken, die zu einer Zeit entstanden, als Sizilien griechische Kolonie war. Der erstaunlichste unter ihnen ist der
Concordiatempel, irrtümlich benannt nach der römischen Göttin der
Eintracht (es gibt Hinweise darauf, dass er eigentlich Kastor und Poly-
deukes geweiht war). Heute ist er einer der besterhaltenen griechi-

schen Tempel überhaupt. Der knapp 40 x 17 m große Bau stammt aus der zweiten Hälfte des 5. Jhs. v. Chr. Seinen guten Erhaltungszustand verdankt er wohl vor allem der Tatsache, dass er Ende des 6. Jhs. vom Agrigenter Bischof in eine christliche Kirche umgeweiht wurde. Die darauf folgenden Umbauten sind inzwischen rückgängig gemacht worden, die letzte Restaurierung fand 2007 statt. Der Königsberger Historiker Ferdinand Gregorovius beschreibt den Tempel im 19. Jh. in einer Detailverliebtheit, die heutigen Beschreibungen, wie sie sich vor allem in Reiseführern finden, leider komplett abgeht. Man spürt in jeder Zeile das Bemühen, den Gegenstand Lesern nahezubringen, die vermutlich niemals das Glück haben werden, ihn sich im Original anzusehen.

Aus: Ferdinand Gregorovius, *Wanderjahre in Italien* (1877)

Es folgt auf den Junotempel der wohlerhaltene Tempel der Concordia. Auch er liegt auf einem Hügel in malerischer Umgebung von dürrem, rotbraunem Gestein, von Trümmern und üppigem Wuchs der Kaktusbäume. Bis auf das Dach, welches fehlt, ist er vollständig, mit beiden Fronten und allen seinen Säulen. Gleich dem Junotempel steht er auf vier Stufen; auch er hat einen Portikus von 34 Säulen in derselben Verteilung, so daß der Prospekt 6, die Seiten 13 zählen. Sie haben 20 Kannelierungen und eine Höhe von 6,83 m, 1,27 m im Durchmesser. Die Länge des Baues beträgt 42,12 m, die Breite 19,68 m, das ganze Gebälk hat eine Höhe von 2,98 m, so daß der Fries fast um 0,25 m höher ist als der Architrav. Es blieb also der Tempel durch die Karthager unzerstört und widerstand siegreich allen Unbilden der Zeit. Seine wohlerhaltene Herrlichkeit lockte im Mittelalter das Christentum, ihn zur Kirche zu benutzen, und so wurde sein Verfall glücklich abgewendet. Die Zelle schuf man im 15. Jahrhundert zu einer Kapelle um, welche dem heiligen Gregorio delle Rape, Bischof von Girgenti, geweiht wurde. Damals brach man in die Seitenwände derselben die zwölf Bogen ein, die man noch heute sieht, und die, weil sie in einem dorischen Tempel widersinnig sind, diejenigen beirren, welche von ihrem Ursprung nichts wissen. Später wurde die Kirche verlassen, und im Jahr 1748 stellte der Prinz Torremuzza den Tempel wieder her. Fazello hat ihm den Namen Concordia beigelegt, mit welchem ein dorisches Heiligtum nichts zu tun hat; er wurde dazu durch eine lateinische Inschrift verleitet, die man dort vorfand. Unter allen Tempeln Italiens und Siziliens hat kein einziger die Zelle so ganz erhalten wie dieser; denn sogar bis auf die Treppen, welche an ihrem östlichen Eingang auf das Dach führen, ist jeder Teil stehengeblieben und gibt nun ein vollkommenes Bild des dorischen Tempelbaus.

Es ist überhaupt der vollständigste und herrlichste Tempel Siziliens, denn jener von Segesta, dessen Portikus und Fronten gleichfalls erhalten sind, ward doch nicht vollendet, da sich keine Spur von einer Zelle auffinden läßt und die Säulen noch ohne Kannelierung sind. Die majestätischen braunen Säulen, basenlos, mäßig verjüngt, die weitausladenden Kapitäle,

Ferdinand Gregorovius (1821–1891) war ein deutscher Historiker und gilt als einer der größten Mittelalter-Fachleute seiner Zeit. Für sein Werk über die mittelalterliche Geschichte Roms wurde er als erster Protestant mit der römischen Ehrenbürgerschaft ausgezeichnet.

die schönen Verhältnisse des Gebälks, welches den Schmuck seiner Triglyphen ganz bewahrt hat, die einfache Größe der Architektur, bringen den reinsten Wohllaut hervor. Und wohl zeigt der dorische Bau, die schönste architektonische Form des Altertums überhaupt, nicht minder anschaulich, als es Plastik und Poesie vermögen, welche klare Kraft und Harmonie in der Seele des griechischen Volkes lebte, weil es imstande war, diese einfachsten architektonischen Gesetze zu finden. Man kann sich beim Anblick eines dorischen Tempels nicht der Betrachtung enthalten, in welchen großen und einfachen Rhythmen sich überhaupt das Leben der Griechen bewegt haben muß, wenn eben die gesamte nationale Empfindungsweise, die jedes Volk am allgemeinsten und sichtbarsten in der religiösen Architektur ausspricht, sich in solcher Gestalt darstellen durfte. Wir verstehen diese Harmonie, welche so einfach ist wie ein geometrisches Grundverhältnis, sehr wohl, aber das volle Gefühl ihres innern Zusammenhangs mit dem Wesen des Volks selbst können wir nicht mehr besitzen. So wenigstens glaube ich, daß der christliche Tempel von Monreale, das schönste Gegenbild dieses Concordiatempels, in seinem Zusammenhange mit den Lebensformen des Mittelalters uns viel lebendiger und begreiflicher erscheinen muß. Hätte Sizilien nichts mehr als diese beiden Gebäude, die Denkmäler oder Repräsentanten zweier großer Kulturen, so würde es schon um ihretwillen eins der merkwürdigsten Länder sein. Der dorische Tempel ist das leibhafte Abbild der strengen griechischen Weltordnung und ihrer tragischen Notwendigkeit; aller Zufall wie alles Phantastische ist von dieser ernsten Form abgeschieden, deren majestätische Einheit nicht zersplittert werden darf; kein vorwiegend malerisches Prinzip kommt zur Herrschaft, noch irgend Aufwand von Zeichnung, noch Spiel mannigfaltiger Gebilde. Dies gibt erst das christliche Gemüt vollständig frei und breitet sich malerisch in Arabesken und Mosaiken und Steinfigurenwerk jeder Art aus. Der dorische Tempel ist schmucklos bis auf die Triglyphen und die Skulpturen in den Metopen und Giebelfeldern, bis auf die schöne und einfache Zeichnung von Blättern und Mäandern am Gesimse; doch entbehrt er nicht der polychromen Malereien, deren Anwendung man in vielen Tempeln Siziliens nachweisen kann. Was endlich kann schmuckloser sein als die basenlose dorische Säule, deren ernstes und mächtiges Kapitäl imposanter wirkt als die späteren Formen ionischen und korinthischen Stils. Es scheint mir der dorische Tempel sehr charakteristisch für die ernste Natur Siziliens und für ein Land, welches eine nationale Begabung für die strenge Wissenschaft der Mathematik besaß.

Olympieion

Agrigent

Neben dem Concordiatempel, einem der besterhaltenen griechischen Tempel, hat das *Valle dei Templi* bei Agrigent noch einen weiteren Superlativ zu verzeichnen: Der Tempel des olympischen Zeus, kurz: Olympieion, war der weltgrößte Tempel im dorischen Stil und belegt Platz 2 der größten griechischen Tempel überhaupt. Um 480 v. Chr. begann die Errichtung des 113 x 56 m großen und 20 m hohen Gebäudes. Auch wenn es niemals ganz fertiggestellt wurde und heute nur mehr ein Trümmerhaufen zu besichtigen ist, so geben doch immerhin die Überreste eines sogenannten Telamon im Museum von Agrigent – einer der Atlas-Figuren, die auf halber Höhe zwischen den Säulen an der Außenfassade angebracht waren und das Tempeldach zu tragen schienen – einen Eindruck von der enormen Größe des Bauwerks; allein diese Atlanten waren 7,50 m hoch. Noch vor den ersten systematischen modernen Ausgrabungen im „Tal der Tempel" in den 1830er-Jahren erhielt Goethe von seinem Freund Leo von Klenze ein Gemälde geschenkt, das eine Rekonstruktion des Olympieion zeigte und für das er sich per Brief bedankte; noch heute streitet sich die Forschung, wie der Tempel nun genau aussah, und wenn man die Stätte besucht, bietet sich einem leider immer noch das gleiche Bild wie Goethe – „ein mißgestaltetes Chaos" durcheinandergewürfelter Säulenfragmente. Doch immerhin vermag der gefundene Telamon (dessen Nachbildung an Ort und Stelle liegt) einem ein vages Gefühl der alten Größe zu vermitteln.

Brief Johann Wolfgang von Goethes an Leo von Klenze (3. Mai 1828)

Für das früher angekündigte und in diesen Tagen angekommene, höchst erfreuliche Bild habe meinen Dank zu beeilen alle Ursache.
Gar wohl erinnert es mich lebhaft an jene Zeiten, wo ich in Gegenwart dieses herrlichen Meers und Ufers, in der Nähe solcher niedrigen Hütten, durch viele Zäune durchbrechend, eine ganze Reihe kleiner

Besitzungen durchschreiten und endlich nach vollendetem Überklettern eines unebenen Bodens mir selbst bekennen mußte, daß wenig gesehen und nichts gewonnen sey. Der tiefen Canneluren erinnere ich mich noch, ingleichen des breiten Triglyphen, wie ich ihn mit meinen Gliedern ausmaß; von menschlicher oder thierischer Gestalt hingegen war keine Spur, auch nicht die mindeste Annäherung an einen Begriff von Größe und Raum, so daß alles bis ganz neuerlich mir als ein mißgestaltetes Chaos vor der Seele lag.

Aufräumungen und Reinigung sind geschehen, Entdeckungen gemacht, Altes bestätigt, Neues gefunden, davon mir auch einige Kenntniß zugegangen; aber das Wünschenswertheste leistet denn doch das mir so freundlich-geneigt übersendete Bild, das auf eine wundersame und gleichsam magische Weise als lakonisches Fragment den Tempel, wie er möchte gestanden haben, zugleich mit seiner Umgebung in der Einbildungskraft hervorruft.

Der so glücklich in dem geschmackvollen Ganzen restauriert aufgestellte Koloß gibt der mächtigen Ruine eine ganz originelle Anmuth. Die kunstreiche Anordnung, die sorgfältigste Ausführung werden durchaus anerkannt, auch erlauben sie die Weimarischen Kunstfreunde, nächstens von ihrer Dankbarkeit ein unzweydeutiges Zeugniß abzulegen.

Johann Wolfgang von Goethe
(1749–1831) war der bekannteste Vertreter der Weimarer Klassik und gilt vielen als bedeutendster deutscher Dichter schlechthin. Seine Reise nach Italien 1786–88 verewigte er literarisch und gab so wichtige Anstöße für die Beschäftigung mit der Antike.

Caracallathermen

Rom

Eine der größten zivilisatorischen Leistungen des alten Rom waren die Thermen. Öffentliche Badeanstalten mit Kalt- und Warmwasserbecken, saunaähnlichen Schwitzsälen, Räumlichkeiten für Sport und Entspannung, geradezu Tempel zur Körperpflege und Wellness. Die heute noch am besten erhaltene der drei größten, nach Kaisern benannten Thermenanlagen sind die Caracallathermen. 206 n. Chr. ließ Kaiser Septimius Severus den riesigen Bau beginnen, abgeschlossen wurde er (mit Ausnahme kleinerer Anbauten) etwa 216/17, zur Zeit des Caracalla. Die über 100.000 m² große Anlage mit Sälen „von übertriebener und unerklärlicher Weite und Höhe", wie Émile Zola treffend schreibt, bot den Besuchern nicht nur mehrere Schwimmbecken, sondern auch eine Bibliothek, Konferenzräume, diverse Friseure, Masseure, ruhige Gärten und noch einiges andere. Mehrere tausend Besucher verzeichneten die mit kunstvollen Mosaiken, teurem Marmor und zahlreichen Statuen geschmückten Thermen – täglich. Das Ganze funktionierte nur aufgrund der fortschrittlichen Technologien in der Wasseraufbereitung und Heizungstechnik; so waren ständig mehrere Dutzend Sklaven damit beschäftigt, die großen Heizöfen zu betreiben, die das Wasser erwärmten. Bis ins 6. Jh. waren die Caracallathermen in Betrieb, dann setzten die Goten dem Vergnügen ein Ende: Die Wasserleitung, die die Thermen versorgte, fiel ihrer Zerstörungswut zum Opfer. Was bleibt, sind gewaltige Ruinen und eine ganze Reihe Statuen, nicht zuletzt der berühmte „Farnesische Stier", die größte erhaltene antike Statuengruppe (heute im Nationalmuseum in Neapel).

Aus: Émile Zola, *Rom* (1896)

Aber gegen Südosten erweiterte sich der Horizont und er bemerkte jenseits des Titusbogens und des Konstantinbogens die große Masse des Kolosseums. Ah, dieser Koloß, von dem die Jahrhunderte wie mit einem ungeheuren Sensenhieb nur die Hälfte abgerissen haben, bleibt in seiner Ungeheuerlichkeit, in seiner Majestät bestehen! Mit seinen Hunderten von leeren, in das Himmelsblau gähnenden Fenstern gleicht es einer Spitze aus Stein. Es ist eine Welt von Vorhallen, Treppen, Treppenabsätzen, Korridoren, eine Welt, in der man sich inmitten der Einsamkeit und der Stille des Todes verliert. Im Innern gleichen die zerbrochenen, von der Lust verwitterten Stufen den ungestalteten Staffeln eines alten, erloschenen Kraters, einer Art natürlichem Zirkus, den die Macht der Elemente mitten in den unzerstörbaren Felsen geschnitten. Aber die heiße Sonne von achtzehnhundert Jahren hat diese Ruine verbrannt und rot gefärbt; sie ist, seit sie ihrer Vegetation, der ganzen Flora beraubt wurde, die diesen Winkel zu einem Stück Urwald machte, in den Naturzustand zurückgekehrt, ist nackt und vergoldet wie die Flanke eines Berges. Und nun, was für eine Vision, wenn die Phantasie dieses tote Knochengerüst wieder mit Fleisch, Blut und Leben bekleidet, den Zirkus mit den neunzigtausend Zuschauern füllt, die er fassen konnte, die Arenaspiele und Kämpfe vorüberziehen läßt und eine ganze Zivilisation, vom Kaiser und seinem Hof bis zu dem hohlen See der Plebs in all der Erregung und dem Glanz eines ganzen, von Leidenschaft entstammten Volkes unter dem roten Widerschein des gigantischen Purpurvelums zusammenhäuft! Weiterhin am Horizont befand sich noch eine zweite cyklopische Ruine, die Thermen des Caracalla; auch sie sind als Spur einer von der Erde verschwundenen Rasse von Riesen übrig geblieben. Da sind Säle von übertriebener und unerklärlicher Weite und Höhe, zwei Vorhallen, in denen man die Bevölkerung einer Stadt empfangen kann, ein Frigidarium, dessen Becken auf einmal fünfhundert Badende aufnehmen konnte, ein Tepidarium, ein Caldarium von gleichem Umfang, der Sucht nach dem Ungeheuerlichen entsprossen. Und die erschreckende Masse des Monumentes, die Dicke der Pfeiler, wie keine Festung ihresgleichen hat – diese ganze Unendlichkeit, in der die Besucher wie verirrte Ameisen aussehen! Es ist ein so außerordentliches Schwelgen in Mörtel und Ziegeln, daß man sich fragt, für welche Mengen dieses ungeheuerliche Gebäude wohl erbaut worden sein mochte, heutzutage könnte man sie für uralte, von irgend einer Höhe herabgestürzte Felsen halten, die hier zum Baue einer Titanenwohnung zusammengehäuft wurden.

Pierre wurde von der maßlosen Vergangenheit, in der er nun untertauchte, überwältigt. Von allen Seiten, von allen vier Richtungen des ungeheuren Horizontes wurde die Geschichte wieder lebendig und stieg wie eine überschäumende Flut zu ihm auf. Diese bläulichen, unabsehbaren Ebenen im Norden und Osten, das war das alte Etrurien; im Westen zeichneten sich die zackigen Kämme des Sabinergebirges ab, während gegen Süden das Albanergebirge und Latium sich unter dem Goldregen der Sonne ausdehnten. Auch Alba Longa war da, und der eichengekrönte Monte Cavo mit seinem Kloster, das den alten Jupitertempel ersetzt hat. Dann, zu seinen Füßen, jenseits des Forums, jenseits des Kapitols breitete sich Rom selbst aus. Gegenüber lag der Esquilin, zu seiner Rechten der Coelius und der Aventin; die anderen, die er nicht sehen konnte, der Quirinal, der Viminal, befanden sich links, hinter ihm, am Ufer des Tiber, lag der Janiculus. Und die ganze Stadt erzählte ihm einstimmig die Geschichte ihrer toten Größe.

> **Émile Zola** (1840–1902) war ein französischer Journalist und Romancier. Er gilt als Leitfigur des literarischen Naturalismus. Viele seiner die Umwelt genau beobachtenden Romane gehören zu einem 20-bändigen Zyklus über die Geschichte der Familie Rougon-Macquart. Sein größter Erfolg war *Nana* (1880).

Circus Maximus

Rom

Eine Arena für Wettkämpfe, die inklusive Zuschauertribünen 600 x 140 m misst und 380.000 Zuschauer fasst – das ist für heutige Verhältnisse unvorstellbar. Und doch gab es sie im alten Rom: den Circus Maximus. Circus-Arenen fand man im ganzen Imperium, doch der Circus Maximus war die größte und älteste. Seine Geschichte reicht zurück bis in die römische Königszeit; erst unter Caesar wurden die hölzernen Tribünen teilweise durch steinerne ersetzt. Der Circus erhielt jedoch schon vorher seine kanonische Form, mit einem Mittelstreifen, der die längliche Rennbahn teilt, auf einer Seite gerade abgeschlossen, auf der anderen oval. Bis zu 24 Wagenrennen am Tag fanden hier statt, wenn Zirkusspiele (zu denen auch Tierhetzen und Gladiatorenkämpfe gehörten) anberaumt wurden. Für die Römer war der Eintritt gratis, denn die Zirkusspiele fanden im Rahmen von öffentlichen Festen statt, an denen die Arbeit ruhte – eine willkommene Gelegenheit zum Ausspannen, da man im alten Rom keine Sonntagsruhe kannte. Die beliebteste Veranstaltung im Circus waren die Rennen, bei denen man auf bestimmte Wagenlenker bzw. Teams wettete. Auch die Kaiser mochten den Rennsport: Domitian ließ den nahegelegenen Kaiserpalast im 1. Jh. n. Chr. so ausbauen, dass er die Rennen sozusagen direkt von seiner Terrasse aus verfolgen konnte. Im 1. Jh. spielt auch der Roman *Ben Hur*, dessen Protagonist in der entscheidenden Szene ein Wagenrennen im Circus von Jerusalem bestreitet; dabei erfährt der Leser, dass er seine Fähigkeiten bereits früher im Circus Maximus bewiesen hat – leider entgegen aller historischen Genauigkeit, denn als Adoptivsohn eines Konsuls hätte er gar nicht an Wagenrennen teilnehmen dürfen. Dieses war den untersten Schichten vorbehalten.

Aus: Lewis Wallace, *Ben Hur* (1880)

„Auch dir, Sohn des Arrius, wünsche ich Glück. Deine Farbe ist Weiß, Messalas Scharlach und Gold. Die Wirkungen dieser Wahl sind bereits erkennbar. Knaben rufen in den Straßen weiße Bänder zum Verkaufe aus, morgen wird jeder Araber und Jude in der Stadt eins tragen. Im Zirkus wirst du sehen, daß Weiß ziemlich gleichmäßig mit Rot die Galerien teilen wird."

„Die Galerien, aber nicht die Tribüne über der Porta Pompä."

„Nein, dort wird Scharlach und Gold vorherrschen. Aber wenn wir gewinnen" – Malluch konnte bei dem Gedanken ein vergnügtes Lachen kaum unterdrücken – „wenn wir gewinnen, wie werden die hohen Herren zittern! Sie werden natürlich ihrer Verachtung alles Nichtrömischen entsprechende Wetten eingehn und zwei, drei, fünf gegen eins auf Messala setzen, weil er ein Römer ist." Seine Stimme noch mehr dämpfend, fügte er hinzu: „Es steht einem Juden, der im Tempel einen guten Platz einnimmt, schlecht an, sein Geld in dieser Weise aufs Spiel zu setzen, doch, im Vertrauen gesagt, ich werde einen Freund unmittelbar hinter dem Sitz des Konsuls haben, der Wetten von drei oder fünf oder zehn gegen eins annehmen wird – bis zu dieser Höhe mag ihre Tollheit steigen. Ich habe ihm zu diesem Zwecke eine unbegrenzte Anweisung ausgestellt."

„Ja, Malluch," sprach Ben Hur, „veranlasse ihn, Wetten mit Messala und seinen Anhängern zu suchen. Je höhere Wetten Messala eingeht, um so besser. Vielleicht kann ich sein Vermögen mit seinem Stolze vernichten. Darum bleibe nicht beim Angebot von Sesterzien stehn. Biete Talente, wenn sich jemand findet, der so hoch zu gehn wagt. Fünf, zehn, zwanzig Talente; ja fünfzig, wenn die Wette mit Messala selbst gilt!"

„Das ist eine ungeheure Summe," sprach Malluch. „Ich müßte Bürgschaft stellen."

„Das sollst du. Geh zu Simonides und sage ihm, daß ich die Sache geordnet wünsche. Sage ihm, daß es mein Wunsch und Wille sei, meinen Feind zugrunde zu richten, und daß die Gelegenheit günstig genug sei, um es auf ein solches Wagnis ankommen lassen zu können. Der Gott unserer Väter möge mit uns sein! Geh, guter Malluch, laß die Gelegenheit nicht entschlüpfen."

Freudig erregt nahm Malluch von ihm Abschied und wandte sich zum Fortreiten, kehrte aber sogleich wieder um.

„Vergebung!" sprach er zu Ben Hur. „Ich habe noch etwas mitzuteilen. Ich konnte Messalas Wagen nicht selbst in der Nähe besichtigen, ließ ihn aber durch einen anderen messen, und wie dieser mir mitteilt, steht seine Radnabe eine ganze Handbreit höher über dem Boden als die deinige."

„Eine Handbreit! So viel!" rief Ben Hur voll Freude.

In diesem Augenblick brach Ilderim in laute Rufe des Erstaunens aus.

„Ha, bei der Herrlichkeit Gottes! was ist das?"

Er trat zu Ben Hur und zeigte mit dem Finger auf eine Stelle der Bekanntmachung.

Ben Hur nahm das Papier, das vom Präfekten der Provinz als dem Veranstalter der Spiele unterschrieben war. [...] Die Stadt veranstalte das Schauspiel zu Ehren des Konsuls. Der Preis bestehe in hunderttausend Sesterzien und einem Lorbeerkranze. Dann folgte eine Beschreibung der einzelnen Viergespanne, die zugelassen waren.

Lewis Wallace (1827–1905) war ein US-amerikanischer Schriftsteller und Politiker. Von literarischer Bedeutung ist allein seine Erzählung *Ben Hur*, die Ende des 19. Jhs. das meistverkaufte belletristische Werk der Welt war und den historischen Roman entscheidend beeinflusste.

I. Viergespann des Korinthiers Lysippus: Zwei Grauschimmel, ein Brauner, ein Rappe. Als Mitrenner eingeschrieben voriges Jahr in Alexandrien und ebenso in Korinth, wo sie Sieger waren. Lenker: Lysippus. Farbe: Gelb.

II. Viergespann des Römers Messala: Zwei Schimmel, zwei Rappen. Sieger bei den vorjährigen Wettspielen im Zirkus Maximus. Lenker: Messala. Farben: Scharlach und Gold.

III. Viergespann des Atheners Kleanthes: Drei Grauschimmel, ein Brauner. Sieger bei den Isthmischen Spielen im vorigen Jahre. Lenker: Kleanthes. Farbe: Grün.

IV. Viergespann des Byzantiners Dikaios: Zwei Rappen, ein Grauschimmel, ein Brauner. Im letzten Jahre Sieger in Byzanz. Lenker: Dikaios. Farbe: Schwarz.

V. Viergespann des Sidoniers Admetus: Vier Grauschimmel. Dreimal in Cäsarea eingeschrieben und dreimal Sieger. Lenker: Admetus. Farbe: Blau.

VI. Viergespann Ilderims, Scheiks der Wüste. Alle vier braun. Erstes Rennen. Lenker: Ben Hur, ein Jude. Farbe: Weiß

Lenker: Ben Hur, ein Jude!

Weshalb dieser Name statt Arrius? – Ben Hur blickte Ilderim an. Beide kamen zu demselben Schlusse: Das war die Hand Messalas!

Engelsburg

Rom

E in klangvoller Name, Engelsburg. Selbstverständlich hieß dieses
imposante Gebäude am Tiber in der Antike anders, nämlich
„Hadrianeum": Es ist das Mausoleum des Kaisers Hadrian. Noch zu seinen
Lebzeiten begann der Bau, den der Kaiser selbst entwarf, ein Jahr nach
seinem Tod 138 n. Chr. wurde das Grabmal fertiggestellt. Sieben römische
Kaiser wurden hier bestattet, neben Hadrian u. a. Mark Aurel und Caracalla. 64 m misst der Rundbau im Durchmesser, 20 m ist er hoch. Die bau-
lichen Anklänge an das Augustusmausoleum (s. S. 52) sind unverkennbar;
wahrscheinlich war auch die Oberseite dieses Grabmals bepflanzt und
auch hier stand wohl auf der Spitze eine Statue des Kaisers. Umfunktioniert wurde das Hadrianeum zum ersten Mal unter Kaiser Aurelian (Ende
3. Jh.), der es in die stärker ausgebaute Stadtmauer integrierte, zur Ver-
teidigung der Stadt gegen Angriffe von außen; ab hier war es tatsächlich eine Burg. Der Name „Engelsburg" stammt der Legende nach aus

dem Jahr 590, als Papst Gregor eine Erscheinung hatte: Er sah den Erz-
engel Michael mitsamt gezücktem Schwert auf der Burg stehen und das
Ende der in Rom wütenden Pest verkünden. Die Folge: Hadrians Skulptur
wurde entfernt, ein Engel mit Schwert aufgestellt. Heute säumen zehn
weitere Engelsstatuen die Brücke aus dem Jahr 133 n. Chr., die über
den Tiber zur Engelsburg führt. Ihr Name ist natürlich: „Engelsbrücke".
Die Engelsburg wurde zum Zufluchtsort für Päpste, nicht zuletzt beim
legendären Sacco di Roma 1527. Es entstanden ein berüchtigtes Verlies
und eine Hinrichtungsstätte für päpstliche Feinde (wie der Bericht Friedrich von Oppeln-Bronikowskis lebhaft zeigt), dazu Waffenkammern und
Zugbrücken, schließlich schaffte man sogar Kanonen an. Alles in allem
also ein harmloser Name für ein äußerst wehrhaftes Gebäude.

Aus: Friedrich von Oppeln-Bronikowski, *Schlüssel und Schwert* (1929)

Nach der Huldigung des römischen Adels hatte Sixtus den Senator und
die Konservatoren von Rom empfangen und drohend Gehorsam ver-
langt. Und an demselben Tage, wo er den Orsini eingeschüchtert hatte,
erschrak ganz Rom über das erste Zeichen seiner Strenge.
Um den ewigen Morden und Straßenkämpfen Einhalt zu tun, verord-
nete er etwas sehr Einfaches: er verbot das Waffentragen bei Todes-
strafe. Vier junge Windbeutel, die während des Interregnums von den
Sforza angeworben waren, hatten dies Verbot nicht befolgt und waren
mit ihren Büchsen nach Hause gegangen. Sie wurden verhaftet und
sofort zum Tode verurteilt. Am Abend erschienen mehrere Kardinäle
bei Sixtus und stellten ihm vor, daß vor der Krönungsfeierlichkeit noch
nie ein Mensch hingerichtet worden sei. Doch er blieb unerbittlich. „Wir
können Unsere eigenen Verordnungen nicht Lügen strafen", sagte er

fest. Und am nächsten Morgen wurden die vier Jünglinge vor der Engelsburg gehenkt. [...]
So hatte sich Sixtus binnen drei Tagen Achtung verschafft. Ein Blick,
ein Wort, eine Tat hatten genügt. Aber der schwerere Teil seiner Auf-
gabe lag außerhalb Roms: die Ausrottung der Banditen. Sie konnte nicht
von heute auf morgen gelingen. [...] Seit Menschengedenken hatte es
Banditen gegeben, und zählte man alle zusammen, so überstiegen sie
gegenwärtig die Zahl aller italienischen Truppen. Wer diese Eiterbeule
aufschneiden wollte, konnte einen allgemeinen Umsturz herbeiführen,
die weltliche Macht des Kirchenstaates völlig zerstören. Es war noch ein
Glück, daß das Konklave so schnell zu Ende gegangen war, doch inzwischen hatten sie Zeit gehabt, sich zu sammeln, und so lagerten sie schon
vor den Toren Roms, wie die Horden Alarichs oder Attilas. Am klügsten
schien es, sie nicht zu reizen, aber Sixtus nahm den Kampf auf Leben und
Tod an.
Er begann mit einem Ge-
niestreich. Er verzichtete
auf das strittige Lehen, das
Gregor dem Fürsten Co-
lonna entrissen hatte, und
söhnte ihn so mit dem Heiligen Stuhle aus. Dann be-
nutzte er eine Erkrankung
des Fürsten, um dessen

Friedrich von Oppeln-Bronikowski (1873–1936)
war ein deutscher Kulturhistoriker und Schriftsteller.
Seine Erzählungen beschäftigen sich vielfach mit
Preußen und dem Militär. In seinen späten Schriften
setzte er sich kritisch mit dem Antisemitismus aus-
einander.

Bravi in seinen Dienst zu nehmen und die Räuber durch ihresgleichen
auszutilgen. Er unterstellte diese kriegerprobten Leute dem Bruder des
Fürsten, dem Kardinal Colonna, und schickte den Signor Giacomo zum
Teufel.
An ihrer Spitze zog der Kirchenfürst ins Feld, griff die einzelnen Räuber-
banden an, wo er sie fand, und machte viele nieder; den Rest drängte er
auf das Gebiet von Neapel. Den Hauptschlag führte er gegen die Bande
des Priesters Guercino, dem Gregor einst die Absolution für vierzig
Morde erteilt hatte. Der Räuberhauptmann selbst fiel in die Hände der
Sieger. Sixtus ließ ihm den Kopf abschlagen und ihn zum blutigen Hohn,
mit einer goldenen Krone geschmückt, vor der Engelsburg ausstellen. So
endete der „König der Campagna", dessen Horden einst Donna Camillas
unglücklichen Eidam ermordet hatten. Sie selbst fuhr zur Engelsburg
hin und nickte befriedigt beim Anblick des scheußlichen Hauptes.
Seitdem ergriff lähmender Schrecken die Räuber, und wie durch Zauber-
schlag war die Campagna von dieser Plage befreit.

Kolosseum

Rom

Was der Parthenon für Athen, das ist das Kolosseum für Rom: Wahrzeichen und Zeuge einer großen Vergangenheit. Errichtet wurde es ab 72 n. Chr. durch Vespasian, durchaus als politischer Akt: Der frischgebackene Kaiser nutzte als Baugrundstück ein Gebiet am Hügel Esquilin, auf dem der beim Volk verhasste Nero zuvor seine *domus aurea*, sein „goldenes Haus", hatte bauen lassen – ein Palast, so groß, dass der Dichter Martial ihn als eigenen „Stadtteil" beschreibt (immerhin etwa 800.000 m²). Mit knapp 530 m Umfang ist das Kolosseum nicht ganz so groß, aber dennoch gewaltig; 50.000 Zuschauer hatten Platz darin. Vespasian erlebte die Fertigstellung nicht mehr, erst im Jahr nach seinem Tod, 80 n. Chr., eröffnete Kaiser Titus feierlich das Kolosseum oder *Amphitheatrum Flavium*, so sein offizieller Name, nach dem Kaiser-geschlecht der Flavier. Im Rahmen dieser Feierlichkeiten starben etwa 5.000 Tiere und natürlich auch unzählige Gladiatoren. Dass das Kolos-seum mitten in der großen Stadt, wo die Nachfrage nach Baumaterial nie versiegte, heute noch in einem einigermaßen akzeptablen Zustand ist, liegt daran, dass der Papst es im 18. Jh. zur heiligen Märtyrerstätte erklärte – immerhin wurden hier zahlreiche Christen öffentlich hinge-richtet. Diese Tatsache trägt sicherlich zur Faszination bei, die die heu-tigen Besucher des Kolosseum genauso erfüllt wie die Figuren in Jean Pauls Roman *Titan* (auch wenn der Autor selbst niemals in Italien war).

Aus: Martial,
Das Buch der Spiele (80 n. Chr.)

Hier, wo sich das Gebäude des erhabenen Amphitheaters erhebt,
  befanden sich einst die Teiche des Nero.
Hier, wo wir das schnell errichtete Geschenk der Thermen bewundern,
  hat ein majestätisches Grundstück einst den Armen die Wohnung geraubt.
Hier, wo heute die claudische Säulenhalle Schatten spendet,
  stand noch der äußerste Teil des Hofs, der nun fort ist.
Rom ist sich selbst zurückgegeben worden und unter deiner Aufsicht, Kaiser,
  erfreut heute das Volk, was zuvor nur den Kaiser erfreute.

Martial (40–ca. 102 n. Chr.)
war ein römischer Dichter, der ursprüng-lich aus Nordspanien stammte und fast ausschließlich Epigramme verfasste. Über 1.500 dieser oftmals satirischen Kurzge-dichte sind erhalten. Sein *Buch der Spiele* erschien anlässlich der Eröffnung des Kolosseums in Rom.

Aus: Jean Paul, *Titan* (1803)

Sie gingen über das Forum auf der via sacra zum Coliseo, dessen hohe zer-spaltene Stirn unter dem Mondlicht bleich herniederschauete. Sie standen vor den grauen Felsenwänden, die sich auf vier Säulenreihen übereinander hinaufbaueten, und die Flammen schossen hinauf in die Bogen der Arkaden, hoch oben das grüne Gesträuch vergoldend und tief in die Erde hatte sich das schöne Ungeheuer schon mit seinen Füßen eingegraben. Sie traten hinein und stiegen am Gebürge voll Felsenstücke von einem Sitze der Zuschauer zum andern; Gaspard wagte sich nicht zum sechsten oder höchsten, wo sonst die Männer standen, aber Albano und die Fürstin. Da schauete dieser über die Klippen auf den runden grünenden Krater des ausgebrannten Vul-kans herunter, der einst auf einmal neuntausend Tiere verschlang und der sich mit Menschenblut löschte – der Flammenschein fuhr in das Geklüft und ins Geniste des Efeus und Lor-beers und unter die großen Schatten des Mondes, die wie Abgeschiedne sich in den Höhlen aufhielten – im Süden, wo die Ströme der Jahrhunderte und der Barbaren hereingedrungen waren, standen einzelne Säulen und geschleifte Arkaden – Tempel und drei Paläste hatte der Riese mit seinen Gliedern genährt und gefüttert, und noch schauete er lebendig mit seinen Wunden in die Welt.

Jean Paul (1763–1825),
bürgerlich Johann Paul Richter, war ein deutscher Schriftsteller und gilt als einer der Wegbereiter der literarischen Epoche der Romantik. Mit seinen hintergrün-digen Romanen wurde er schnell bekannt, auch wenn Goethe und Schiller seinen oft humorvollen Stil ablehnten.

„Welch ein Volk!" (sagte Albano) „Hier ringelte sich die Riesenschlange fünfmal um das Christentum – Wie ein Hohn liegt drunten das Mondlicht auf der grünen Arena, wo sonst der Kolossus des Sonnengottes stand – Der Stern des Nordens schimmert gesenkt durch die Fenster, und der Drache und die Bären bücken sich. Welch eine Welt ist vorüber!" – Die Fürstin antwortete, „daß zwölftausend Gefangne dieses Theater baueten und daß noch weit mehrere darauf bluteten". – „O die Bau-Gefangnen haben wir auch," (sagt' er) „aber für Festungen; und das Blut fließet auch noch, aber mit dem Schweiß! Nein, wir haben keine Gegenwart, die Vergangenheit muß ohne sie die Zukunft gebären."

Die Fürstin ging weg, um einen Lorbeerzweig und blühenden Güldenlack zu brechen. Albano versank ins Sinnen – der Herbstwind der Vergangen-heit ging über die Stoppeln – auf dieser heiligen Höhe sah er die Sternbilder, Roms grüne Berge, die schimmernde Stadt, die Cestius-Pyramide, aber alles wurde zur Vergangenheit, und auf den zwölf Hügeln wohnten, wie auf Grä-bern, die alten hohen Geister und sahen streng in die Zeit, als wären sie noch ihre Könige und Richter.

Konstantinsbogen

Rom

Triumphbögen gehören zu den bildmächtigsten Monumenten der römischen Antike. Auf dem und um das Forum Romanum herum finden sich gleich drei; der größte von diesen steht vor dem Kolosseum an der Via Triumphalis, kurz bevor die Via Sacra in sie einmündet: der gewaltige Konstantinsbogen, hoch wie ein sechsstöckiges Gebäude. Errichtet wurde der 25 m breite und über 20 m hohe Triumphbogen 312–315 n. Chr., um den Sieg Kaiser Konstantins I. über Maxentius zu feiern, seinen Widersacher innerhalb des „Tetrarchie" genannten Vierherrscherkollektivs, das über ein Jahrzehnt lang das Römische Reich unter sich hatte. In der legendären Schlacht an der Milvischen Brücke fiel Ende Oktober 312 die Entscheidung – Maxentius unterlag, obgleich er über wesentlich mehr Soldaten verfügte. Der Herausforderer, sein Schwager Konstantin, wurde letztendlich zum alleinigen Kaiser Roms und spielte eine entscheidende Rolle bei der Verbreitung und Anerkennung des Christentums im Reich. Berühmt geworden ist die Legende, Konstantin habe vor dieser Schlacht eine Erscheinung in Form eines christlichen Kreuzes gehabt, auf dem auf Griechisch stand: „In diesem Zeichen wirst du siegen" (auf Latein: „in hoc signo vinces"). Interessant ist, dass oben am Triumphbogen alte Reliefmedaillons aus der Zeit Traians angebracht wurden; sie ermöglichen einen direkten Vergleich der künstlerischen Stile. J. J. Winckelmann, der „Vater der Kunstgeschichte" und Begründer der modernen Archäologie, geht mit den konstantinischen Darstellungen hart ins Gericht. Nach dem Grad der „Schönheit" gemessen, wie er sie definiert, sind sie auf der Skala jedenfalls ganz weit unten angesiedelt. Es kommt eben doch nicht nur auf die Größe an.

Aus: Johann Joachim Winckelmann, *Gedanken über Kunstwerke* (ca. 1760)

Man muß nicht aus einem oder dem andern Werke, oder gar aus schlechten Arbeiten auf die Komposition der Alten schließen. Man würde ungerecht sein gegen die Alten, wenn man sie in diesem Punkte nach den großen Basreliefs unter Constantins Bogen richten wollte. Man siehet hier drei Gesichter in einer Linie, zwei andere Köpfe so nahe aneinander gegen sich gekehrt, als Personen, die sich küssen wollen, und unter den drei bezeichneten Köpfen zwei andere ebenfalls in einer Linie. Man kann den Unterschied zwischen den Arbeiten der Künstler zu Konstantins Zeiten und der Arbeit zu den Zeiten des Trajanus miteinander vergleichen an dem Triumphbogen Constantins. Die Figuren der vier Flüsse in den Eken des Bogens und die vier Victorien über dem Bogen unter der Cornische sind abscheulich; die ovalen erhobenen Arbeiten hingegen sehr schön.

Es gehet mit dem Urtheil über Werke der Kunst wie mit Lesung der Bücher: man glaubet zu verstehen, was man lieset, und man verstehet es nicht, wenn man es erklären soll. Ein anderes ist, den Homerus lesen, ein anderes ist, ihn im Lesen zugleich zu übersezen. Mit Geschmak die Werke der Kunst ansehen und mit Verständigkeit sind zwei verschiedene Dinge, und aus einem allgemeinen richtigen Gedanken über dieselben ist nicht auf die Kenntniß zu schließen, so wie es nicht folgt, wenn Cicero saget, „daß Kanachus oder Kalamis härter als Polyktus gewesen," daß er gründlich verstanden habe, was er schrieb. (?) [...]

> **Johann Joachim Winckelmann** (1717–1768) war ein deutscher Archäologe und gilt als Begründer der modernen Kunstgeschichte. Seine *Geschichte der Kunst des Alterthums* war eine bahnbrechende Publikation und beeinflusste wie kein zweites Werk die Entwicklung der Archäologie.

Die Schönheit ist nichts anderes, als das Mittel von zwei extremis. Wie eine Mittelstraße in allen Dingen das Beste ist, so ist sie auch das Schönste. Um das Mittel zu treffen, muß man die beiden extrema kennen. Gott und die Natur hat das Bessere gewählt, und die Schönheit der Form bestehet selbst darin, daß sich Dinge zu einem Mittel verhalten. Die Uniformität macht keine Schönheit. Unser Gesicht konnte also nicht wie das Gesicht der Thiere aus zwei Theilen, Stirn und Nase, bestehen. Die Harmonie ist vollkommen in ungleichen Zahlen; zwei Dinge neben einander thun ohne ein drittes nicht gut, wenn aber die Gleichheit der Zahlen wächst, so wird die Uniformität unmerklicher, und sie nehmen die Natur der ungleichen Zahlen an.

Vermuthlich ist die Kunst nach folgendem Grade gestiegen: Erstlich suchete man die Form an sich, alsdann die Proportion, sodann Licht und Schatten, hierauf die Schönheit der Form, alsdann das Colorit, ferner die Gratie der Gewänder, dann die Fülle der Gewänder.

Mausoleum des Augustus

Rom

Es gehört schon einiges dazu, zu Lebzeiten seine eigene Grabstätte nicht nur zu planen, sondern auch tatsächlich bauen zu lassen – und das nicht etwa als Greis, sondern über 40 Jahre vor dem eigenen Tod. Aber bei Augustus muss man so einiges mit ganz besonderen Maßstäben messen. Als skrupelloser junger Mann hatte der Alleinerbe Caesars, noch unter dem Namen seines Adoptivvaters, es geschafft, seine Widersacher aus dem Weg zu räumen und alle Macht im Staat auf sich zu vereinen. Dass er dabei über Leichen gegangen war, muss kaum erwähnt werden. Im Jahr 29 v. Chr. war er de facto Alleinherrscher; der Senat, nur mehr

williger Vollstrecker seiner Befehle, verlieh ihm die Titel „Vater des Vater-
lands" und „Augustus" („Erhabener"). Im selben Jahr ließ der 34-Jährige
auf dem römischen Marsfeld sein eigenes Mausoleum errichten, ein
rundes Gebäude von knapp 90 m Durchmesser, gekrönt von einer Bronzestatue seiner selbst. Auch wenn es heute im Allgemeinen nicht mehr
zu den größten Attraktionen einer Rom-Reise zählt: Die Schilderung des
zu Augustus' Zeit lebenden griechischen Historikers und Geographen
Strabon zeigt eindringlich, wie viel Bewunderung diesem Bauwerk zur
damaligen Zeit entgegengebracht wurde – auch wenn die Beschreibung
zumindest ein wenig von der Verehrung für Roms jüngst verstorbenen
ersten Kaiser geleitet sein mag.

Aus: Strabon, *Geographie* (ca. 17 n. Chr.)

Man meint, dass die griechischen Städte vor allem deshalb blühten,
weil ihre Gründer bei der Wahl der Lage eine glückliche Hand hatten,
was die Schönheit und Sicherheit betrifft, die Nähe zu einem Hafen und
die Fruchtbarkeit des Landes; die Römer dagegen achteten auf andere
Dinge, die die Griechen vernachlässigt hatten, wie die Pflasterung
der Straßen, den Bau von Wasserleitungen und eine Kanalisation, die
Abwässer der Stadt in den Tiber leitet. In der Tat haben sie die Straßen
gepflastert, Hügel durchschnitten und Täler aufgefüllt, so dass man von
den Häfen aus ganz einfach Waren mit der Kutsche abtransportieren
kann. Die Kanalisation, mit Steinen überwölbt, ist an manchen Stellen
groß genug, dass ein beladener Heuwagen hindurchfahren könnte. Die
Menge des Wassers, das durch die Wasserleitungen fließt, ist so groß,
dass man sagen könnte, Flüsse flössen durch die Stadt und die Kanalisation, und fast jedes Haus ist mit Wasserleitungen und Brunnen ausgestattet; darauf hat Marcus Agrippa besonders geachtet; er hat zudem

der Stadt zahlreichen Schmuck verschafft. Wie es heißt, achteten die Alten, die sich vielmehr um größere und wichtigere Angelegenheiten kümmern mussten, wenig auf die Verschönerung von Rom; ihre Nachfolger aber, besonders die unserer Zeit, haben die Stadt mit zahlreichen prachtvollen Objekten verschönert, ohne dabei diese anderen Dinge zu vernachlässigen. Pompeius, der vergöttlichte Caesar und Augustus mit Kindern, Freunden, Ehefrau und Schwester haben alle anderen in ihrem Eifer und ihrer Freigebigkeit zur Verschönerung der Stadt übertroffen. Das meiste davon kann man auf dem Marsfeld bewundern, wo sich zur Schönheit der Natur die Schönheit der Kunst gesellt.

Die Größe dieser Ebene ist wunderbar, es finden Wagenrennen oder andere Pferdespiele statt, ohne Einschränkung, und viele Menschen treiben hier Sport mit dem Ball, sei es im Circus oder in der Palaestra. Die umliegenden Gebäude, der ganzjährig mit Gras bedeckte Rasen, die Gipfel der Berge jenseits des Tiber, die hinter seinen Ufern wunderschön aufsteigen – all das ist ein Anblick, von dem man kaum das Auge abwenden mag. In der Nähe dieses Bezirks befindet sich noch ein weiterer, mit Säulen, heiligen Hainen, drei Theatern, einem Amphitheater und herrlichen Tempeln, die alle ganz nah beieinander stehen, so dass es müßig scheint, den Rest der Stadt zu beschreiben, wenn man es gesehen hat. Aus diesem Grund schätzen die Römer diesen Ort als den heiligsten und haben dort Grabmäler errichtet für die berühmtesten Personen, Männer wie Frauen. Die bemerkenswerteste von diesen nennen sie „Mausoleum". „Es besteht aus einem Erdhügel auf einem hohen Sockel aus hellem Stein, liegt nahe dem Fluss und ist bis obenhin mit immergrünen Pflanzen bepflanzt; auf seiner Spitze steht eine Bronzestatue des Kaisers Augustus, und unter dem Hügel befinden sich seine Asche sowie die seiner Verwandten und Freunde; dahinter ist ein großer Hain mit reizvollen Wanderwegen. In der Mitte des Feldes befindet sich eine Umfriedung des Ortes seiner Verbrennung, aus hellem Marmor und Eisen und mit Espen bepflanzt.

Wenn man von hier aus zum alten Forum geht, das ebenfalls mit Basiliken, Säulenhallen und Tempeln bestückt ist, sieht man von dort die Bauwerke auf Kapitol und Palatin und den Säulengang der Livia, und jeder neue Ort lässt einen schnell wieder vergessen, was man zuvor gesehen hat. So ist Rom.

Strabon (ca. 63 v. Chr.–ca. 25 n. Chr.) war ein griechischer Gelehrter in Rom. In seinem 17 Bücher umfassenden Hauptwerk *Geographie* beschreibt er die gesamte damals bekannte Welt, die er zum Teil selbst bereiste. Daneben verfasste er ein Geschichtswerk, das leider verloren ist.

Traianssäule

Rom

Im Londoner Victoria & Albert Museum gibt es zwei Säle mit Gipsabgüssen bedeutender bildhauerischer Werke; alles andere überragend, steht hier auch ein Abguss der Traianssäule. Er macht einen kuriosen Eindruck, denn die Säule steht zwar aufrecht, ist aber in zwei Teile „zerlegt" – die Deckenhöhe reichte einfach nicht aus, um das Werk im Ganzen zu präsentieren: Mit Sockel misst die Säule aus Carrara-Marmor, in Rom heute noch in ganzer Pracht zu bestaunen, stolze 36 m. Der Bau dieser ersten Siegessäule überhaupt war eine technische Meisterleistung: Über 30 t wiegt jede ihrer Trommeln, das Kapitell sogar mehr als 50 t. Innen war die Säule hohl und man konnte sie mittels einer Wendeltreppe erklimmen. Wo seit dem 16. Jh. eine Statue des Petrus vom Kapitell schaut, stand früher natürlich ein Abbild des damaligen Kaisers. Errichtet wurde die Säule 113 n. Chr. im Auftrag Kaiser Traians, um dessen langwierige, aber schließlich erfolgreiche Feldzüge nach Dakien (am Schwarzen Meer) zu feiern: Ein Reliefband zieht sich um den 30 m hohen Schaft, das ausgerollt fast 200 m lang wäre. Darauf sind Szenen aus den Dakerkriegen dargestellt; heute dient das Relief Archäologen und Historikern immer wieder als Bildquelle. Und so erklärt es sich auch, dass man in London das Kapitell gar nicht erst zeigt, sondern den Abguss dort, wo der interessanteste Teil, das Reliefband, endet, einfach „abgeschnitten" hat. Immerhin hat man im „V&A" die Chance, von der Galerie aus auch die höher gelegenen Teile des Reliefs zu sehen, wofür man in Rom schon ein Fernglas braucht. Ob die Säule, wie Anastasius Grün fantasievoll beschreibt, im 19. Jh. tatsächlich von Wein umrankt war, darf man im Übrigen getrost bezweifeln.

Anastasius Grün (1806–1876), bürgerlich Anton Graf von Auersperg, war ein österreichischer Dichter. Schon früh interessierte er sich für Politik. Er war Mitglied der Frankfurter Nationalversammlung und später des Oberhauses im österreichischen Reichsrat. Viele seiner Gedichte gehören der politischen Lyrik an.

Anastasius Grün: *Die Rebe* (1829)

Im Marmorsaal auf Purpurkissen ruht
Trajan, der Herrscher Roms und einer Welt;
Ein Kreis erles'ner Freunde rings um ihn,
Die Römerlippen att'schen Scherzes voll.
Was Land und Meer des Köstlichen erzeugt
Vereinigt trägt's der Tisch von Elfenbein;
Hier perlt im bauch'gen Kelch der Rebe Blut,
Pomonas Reichthum winkt dort in Kristall,
Darüber schwebt aus Pästums Rosenflur
Der Kranz, verschwiegnen Lauschens Duftsymbol.
Jetzt quillt zum Ohre süßer Saitenklang,
Des Mimen schalkhaft Lied erquickt das Herz;
Da faßt Trajan den Becher Feuerweins
Und schüttet opfernd ihn zur Erd' und spricht:
„Vor Allem hoch, was Land und Meer erzeugt,
Gepriesen sei der Rebe gold'ner Quell!"

Von Hymens Altar in das Brautgemach
Zieht ein glückselig Paar: der Herrscher Roms
Mit Plotina, der hohen Herzensbraut.
Als sie den feuerfarb'gen Schleier hob,
Wie strahlte jetzt ihr bräutlich Angesicht
In Pracht und Anmut, gleich dem Sonnengott
Aus der Umhüllung purpurnen Gewölks!
Das schwarze Haar umspielt ihr Hals und Brust,
In dunklen Locken fällt's auf blendend Weiß,
Wie Rabenflüge auf ein Schneegefild!
Dann nimmt vom Haupte sie den vollen Kranz
Und reicht ihn lächelnd dem Geliebten dar:
„Wie hier die Blumen glühn vom Frühlingskuß,
So glühe, treuer nur, für dich mein Herz;
Wie hier im Kranz zu Schmuck und Schutz zugleich
Der Rebe Laub die Blüthen all' umschlingt,
So halte du an mir, wie ich an dir!"
Er nimmt den Kranz, drückt ihn ans Herz und ruft:
„Sei mir gegrüßt, du schmucker Blumenbund,
Sei mir gepriesen, grünend Rebenlaub!"

Im hohen Rathe sitzt der Herrscher Roms,
Des Staates Väter all' um ihn vereint,

Ein tiefer Ernst beseelt den würd'gen Kreis.
„Es droht des Parthers wilde Macht aufs Neu',
Beschlossen ist's: ihn bänd'ge blut'ger Kampf!
Doch erst zum Gott gen Heliopolis
Mit Gruß und Gaben mag ein Bote ziehn
Und fragen: ob und wie aus Sturm und Streit
Zur ew'gen Stadt zu kehren mir vergönnt?"
So sprach Trajan. Ein flinker Bote zieht
Mit Gruß und Opfern fort zur Sonnenstadt. –
Manch langer Tag verstrich und wieder saß
Der Herrscher Roms im heiligen Senat.
Da trat herein der Bote; seine Hand
Trug einen Stab aus knot'gem Rebenstamm.
Er neigt sich vor dem Fürstensitz und spricht:
„Dieß sendet, Herr, der Gott als Antwort dir."
Da jubeln Romas weise Seher auf:
„Heil dir, Gebieter! Reben gleich im Lenz
Blüht deine Macht und wächst in Füll' empor."
Der Fürst allein blickt still und ernst vor sich
Und spricht dann leise in sich selbst hinein:
„Ich kenn' dich, dürrer Stamm, du heißest Tod,
Du knot'ger Stab, man nennt dich Todenbein,
Willkommen, deutungsvoller Rebensproß!"

Geschlagen ist die Schlacht, erkämpft der Sieg.
Doch gegen Romas Thore zieht ein Zug,
Nicht wie nach Siegen trunk'nen Jubels voll,
Beschwingten Schritts, zu fliegen zum Triumph;
Nein, zagen Fußes und gesenkten Haupts,
In düstrem Schweigen naht die Kriegerschaar.
Dem Ost und West gehorcht und gern gehorcht,
Der weise war, gerecht und mild zugleich,
Den Sieger, ach, umschließt der Aschenkrug!
Wo in der goldnen Urne sein Gebein
Sie in den Grund gesenkt zu stiller Rast,
Dort steigt jetzt eine Säule himmelan,
Jahrhunderten zu künden seinen Ruhm.
Dem Boden doch entsprießt, des Frühlings Kind,
Ein Rebenreis, umschlingt den Säulenschaft
Und glimmt, ein grün Symbol, zur Sonn' empor.

Pantheon

Rom

D ie größte Kuppel der Welt – diesen Rekord hielt das Pantheon bis
sage und schreibe 1873. Und noch heute ist die Kuppel dieses „Tempels für alle Götter" mit über 43 m Durchmesser der weltgrößte Kup-
pelbau aus unbewehrtem Beton. Dass an der Vorderseite in einer großen
Inschrift steht, Agrippa (ein Admiral und enger Vertrauter des Augustus)
habe das Bauwerk errichten lassen, stimmt nicht ganz: Agrippas Bau von
27 v. Chr. wurde mehrfach zerstört, bis Kaiser Hadrian ihn in der ersten
Hälfte des 2. Jhs. komplett neu aufbauen ließ und mit der berühmten
Kuppel versah – ein Meilenstein der Architekturgeschichte. Wie so viele
noch gut erhaltene Gebäude der Antike erfuhr auch das Pantheon eine
Umwidmung durch die christliche Kirche: Papst Bonifatius IV. überführte
Anfang des 7. Jhs. die Knochen zahlreicher Märtyrer ins Pantheon und
weihte den einst „heidnischen" Tempel kurzerhand der Jungfrau Maria.
Im Inneren findet sich entsprechend wenig Antikes. Die Ädikulen dienten
einst vermutlich zur Aufstellung von Statuen bedeutender Römer –

natürlich sind sie längst verschwunden. Dennoch lohnt es sich, das Pantheon auch von innen zu betrachten, allein schon aufgrund des sagenhaften Blicks in die Kuppel, in deren Mitte eine 9 m große Öffnung die einzige Quelle für Tageslicht darstellt. Kaum verwunderlich, dass zahlreiche Dichter diesen Bau in ihrer Lyrik verewigten; der Schlegel- und Brentano-Weggefährte Ludwig Tieck war beileibe nicht der Einzige, doch sein Gedicht ist eines der schönsten. Übrigens war das Gebäude, das das Pantheon 1873 in puncto Kuppelgröße überflügelte, eine Wiener Fabrik des Eisenwarenherstellers Harkort. Reichlich profan, möchte man sagen.

Ludwig Tieck, *Das Pantheon* (1805)

Des Abends Kühle lockt mich herab,
Ich durchwandle die belebten Gassen,
Durch Geschrei und Kauf und Gespräch,
Und irre, dem Corso vorüber,
In unbekannte, dämmernde Straßen hinein.

Wie wohl tut das Umirren
Durch fremde, hochberühmte Stadt;
Jeder Stein wird zum Wunder,
Jeder ohngefähre Laut zum Märchen.
Ich dränge mich durch den Menschenhaufen,
Und ein neuer, enger, voller Markt,
Liegt mit finstern Buden vor mir,
Das Gewühl des alltäglichen Lebens
Betäubt mein müdes Ohr,
Und plötzlich erhebt sich der Blick
Und schaut vor sich nahe und heilig
Den edelsten Tempel,
So wohl bekannt aus Bildern,

So vertraut dem Herzen.
Offen ist das Thor der Säulenhalle,
Und wenige Betende knieen hier.
Mich umfängt das harmonische Gebäu,
Und edle Gedanken
Wachsen mir licht im Geiste auf.

So ist im Leben
Das Göttliche oft
Dicht am Gemeinen,
Geringen, Alltäglichen,
Nur sieht es nicht das blöde Auge.
Tadle dies Niemand,
Wenn nicht immer große Vorhöfe,
Prachtvolle Plätze,
Weite reiche Ferne
Das Ueberirdische unsern Sinnen vorbereiten.
Wir lieben in vertraulicher Nähe
Das Himmlische zu sehn und zu fühlen.

Ludwig Tieck (1773–1853)
war ein deutscher Schriftsteller. Er war einer der wichtigsten Vertreter der deutschen Romantik und schrieb zahlreiche Gedichte und Novellen. Auch wenn man ihn heute kaum noch liest, galt er nach Goethes Tod kurzzeitig als größtes Talent der deutschen Dichtung.

Saturntempel

Rom

D rei oder acht Säulen? Es dauerte eine Weile, bis man die genaue Lage des Saturntempels auf dem Forum Romanum zweifelsfrei identifiziert hatte. Als man Mitte des 19. Jhs. endlich Gewissheit hatte, dass es dieses Gebäude war, dessen erhalten gebliebene acht Säulen ein wenig erhöht über dem Forum aufragen, passte dies gut: Schließlich beherbergte das Podium des Tempels in republikanischer Zeit den römischen Staatsschatz und in erhöhter Lage präsentierte sich dieser sicherlich ein wenig wehrhafter als zur ebenen Erde. Das nützte freilich nichts, als Caesar diesen Schatz plünderte, um sich für den von ihm angezettelten Bürgerkrieg zu rüsten, wie man in einer hochdramatischen Szene bei Lucan nachlesen kann. Schon zu Beginn des 5. Jhs. v. Chr. entstand an dieser Stelle ein Heiligtum für Saturn; wahrscheinlich war er der erste Tempel auf dem Forum überhaupt, denn der Gott Saturn hatte für die frühen Römer eine ganz besondere Bedeutung. Das kann man auch an den Saturnalien ermessen, dem im Dezember gefeierten Fest der Ausgelassenheit und der Geschenke, auf das unser Weihnachtsfest zurückgeht und das alljährlich mit einem Opfer im Tempel eingeläutet wurde. Nach Zerstörungen musste der Saturntempel immer wieder neu aufgebaut werden, aber das geschah stets am selben Ort. Das heute zu sehende Podium wurde 42 v. Chr. errichtet, die acht 13 m hohen Granitsäulen im ionischen Stil im Jahr 283 n. Chr. Heute prägen sie mehr denn je den Blick über das Forum.

Aus: Lucan, *Pharsalia* (ca. 60 n. Chr.)

Als der kämpferische Metellus sieht, wie sie
am Tempel des Saturn versuchen, die gewaltigen Riegel aufzubrechen,
da geht er schneller und durchbricht Caesars Reihen
und stellt sich vor das Tor des immer noch nicht geöffneten Gebäudes.
(Nur die Liebe zum Gold ist es, die weder das Eisen noch zu sterben
fürchtet. Ohne Unterscheidung werden die
Gesetze missachtet: Aber ein Teil der verachtenswertesten Dinge
treibt euch zum Kampf an: das Geld.) Den Sieger am Raub zu
hindern, ruft der Tribun mit heller Stimme:
„Nur über meine Leiche steht euch der
Tempel offen; du nimmst dir die Reichtümer nur, wenn sie mit
meinem Blut, Räuber, bespritzt sind! Sicherlich wird die Verletzung
meiner Macht zu den Göttern dringen." [...]
Plötzlich schleppt man Metellus fort, der Tempel steht offen.
Der tarpejische Fels hallt wider vom lauten Geräusch
der entriegelten Tore; und dann wird, verborgen im Inneren,
dem Tempel entrissen, was seit Jahren unangerührt war,
der Schatz des römischen Volkes – ein Schatz, den die Punischen Kriege,
den die Perser beigesteuert haben, den die Beute vom besiegten Philipp,
den dir, Roma, Pyrrhus auf der Flucht zurückließ,
das Gold, um das Fabricius dich nicht verkaufte,
all das, was die Sparsamkeit der Ahnen angehäuft hat,
das die reichen Völker Asiens dem Sieger sandten,
das Metellus aus dem minoischen Kreta herbeigeführt hat,
das Cato den Kyprern an fernen Stränden entrissen hat,
Schätze des Orients und die letzten Güter gefangener Könige,
den Schatz, den man bei Pompeius' Triumphen vorantrug –
all das wird jetzt herausgetragen; traurige Gier plündert die Tempel.
Von nun an war Rom zum ersten Mal ärmer als Caesar.

Marcus Annaeus Lucanus (39–65 n. Chr.)
war ein römischer Dichter, ursprünglich aus
Südspanien. Er verfasste innerhalb seines
kurzen Lebens zahlreiche Dichtungen, erhalten
sind jedoch nur die *Pharsalia*, sein Epos
über den Bürgerkrieg zwischen Caesar und
Pompeius im 1. Jh. v. Chr.

Titusbogen

Rom

Der älteste Triumphbogen Roms, der heute noch steht, wurde 82 n. Chr. postum dem römischen Kaiser Titus gestiftet, von dessen Bruder und Nachfolger Domitian. Zum Anlass nahm man damals eine militärische Tat, die schon 12 Jahre zurücklag und bei der Titus noch gar nicht Kaiser gewesen war, sondern nur ein Legat: die erfolgreiche Belagerung von Jerusalem im Jahr 70 n. Chr., die 90 % der Stadtbevölkerung das Leben kostete. 14,5 x 13,5 m misst der marmorne Bau, verziert ist er mit Reliefs, die u. a. den Sieg über die Judäer zeigen und die Vergöttlichung des Kaisers. Das Mittelalter überlebte der Bogen eingebaut in einen Palast der Familie Frangipani; später dann war er Teil einer Klostermauer, bis er 1821 im Zuge der Freilegung des Forum Romanum restauriert wurde. Für die Kirche war der Bogen indes auch im 19. Jh. noch von besonderer Bedeutung: Bedenkt man Anlass und Bildprogramm des Titusbogens, lässt es die Schilderungen Ferdinand Gregorovius' über die Behandlung der römischen Juden seitens des Papstes, in denen der Triumphbogen eine Rolle spielt, noch grausamer erscheinen.

Aus: Ferdinand Gregorovius, *Wanderjahre in Italien* (1856)

Die Juden standen am Tor des Kastells auf einem hölzernen Gerüst, welches mit Goldbrokat und seidenen Teppichen bedeckt war, und worauf acht weiße Wachskerzen brannten. Dort hielten sie die Gesetztafeln. Als der Papst auf seinem weißen Roß vorbeigeritten kam, baten die Juden um die gewohnte Bestätigung. Er nahm das offene Buch aus ihren Händen, las darin und sagte darauf: Wir bestätigen, aber wir stimmen nicht bei (Confirmamus sed non consentimus); dann ließ er das Buch zur Erde fallen und setzte seinen Zug fort.
Dies war das letzte mal, daß die Zeremonie am Kastell stattfand; seitdem wurde sie durch den vorgeschrittenen Geist der Zeit oder durch andere unbekannte Ursachen abgeschafft.

Dagegen gab man nun den Hebräern auf, einen Teil der Straße, durch welche der päpstliche Zug schritt, mit kostbaren Stoffen auszuzieren. Beim Fest der Besitznahme Gregor's XIV. (1590) mußten sie den Abstieg vom Kapitol und den Bogen des Septimius Severus mit Teppichen bedecken. Bald darauf wurde es Regel, daß sie den Titusbogen und die Straße bis zum Colosseum ausschmückten. So mußten sie den Schimpf leiden, dasselbe ihnen verhaßte Triumphtor zu verzieren, welches einst dem Zerstörer Jerusalems erbaut worden war.

Dies geschah bei den Thronbesteigungen aller folgenden Päpste. Jedesmal schmückten die Juden den Titusbogen, und sie mußten auf die Tapeten Embleme heften, welche sich auf den Papst bezogen und mit lateinischen Sprüchen aus dem Alten Testament bezeichnet waren. Die Embleme, in der Regel 25 an der Zahl, waren höchst sinnreich und in ihrer phantastischen Bildersprache echt orientalisch. Es wurde also vorgestellt der Myrtenbaum, der seinen Balsam freiwillig niederträufelt, ohne vom Messer geschnitten zu sein; dazu der Spruch: „Beatus rex qui nobilis est" (Gesegnet sei der Fürst, der edelmütig ist). Ferner der Pelikan, welcher seine Brut mit dem eigenen Leben tränkt: „Er verschwendete und gab's den Armen", Psalm 112, 1. 9. – Eine Palme von der Sonne beschienen; darüber: „Recht wie die Palme wirst du blühen"; darunter: „Dein Einzug wird gesegnet sein." –

Die Schriftstellerin Malwida von Meysenbug 1876 über **Ferdinand Gregorovius** (s. S. 32, 95) in ihren *Memoiren einer Idealistin*: „So fanden auch wir uns bald in einem Kreise heimisch, zu dem u. a. auch Ferdinand Gregorovius gehörte, der damals schon eine hochgeachtete Stellung in der römischen Gesellschaft einnahm, und mit dem uns bald herzliche Freundschaft verband."

Das Rhinozeros, welches sein Horn in eine Quelle taucht – eine offene Meermuschel – der Vogel Phönix und ein Regenbogen – ein fressender Schwan – reifes Korn – Bienenschwärme – der Maulbeerbaum – eine bekränzte Harfe – ein Meer mit singenden Sirenen, darüber der Himmel, gegen welchen viele Nachtigallen fliegen; darunter der Spruch aus dem Jesaias: „Zusammen singen sie."

Diese Bildersprache erinnert an ähnliche Huldigungsfeierlichkeiten der sizilischen Araber, wenn sie ihre Herren, die normannischen Könige, beglückwünschten. Mit Jammer und Tränen hatten die Juden solche Teppiche ihrer Schmach gestickt, und wenn sie vom Titusbogen in ihren schmutzigen Ghetto zurückkehrten, reinigten sie sich gewiß mit jeremiadischem Wehgeschrei und mit Gebeten von dieser Huldigung gegen den Statthalter Christi.

Theater von Taormina

Der Blick vom Zuschauerraum aus über die Bucht von Mazzarò und den Ätna ist atemberaubend – und das leider ein wenig zu sehr: Die große Lücke in der Mitte der Skene, die den Panoramablick erst ermöglicht, sieht aus wie vorsätzlich hinzugefügt, und wie man sich erzählt, ist sie dies auch. Wann genau dies geschah, ist schwer zu ermitteln; auf jeden Fall genoss Goethe bei seinem Besuch in Taormina im Jahr 1787 bereits den Blick durch die Lücke, wie ein Bild Christoph Heinrich Knieps beweist, dessen Entstehung er bei dieser Gelegenheit erwähnt. Nachdem Goethe die Schönheit des Örtchens und des römischen Theaters in seiner *Italienischen Reise* pries, wurde es im 19. Jh. zum beliebten Reiseziel der kulturinteressierten Mitteleuropäer. Entstanden ist das Theater, das 250 m über dem Meeresspiegel liegt, im 2. Jh. n. Chr.; auch wenn die Tourismusbehörde von Taormina es „Teatro Greco" nennt: Das Theater ist römisch. Es kann höchstens sein, dass man es in römischer Zeit an der Stelle eines alten griechischen Theaters neu erbaute, das könnte auch die eher griechische Formgebung erklären. Sein Rund misst 109 m im Durchmesser, etwa 8.000 Zuschauer fanden hier Platz. Heute hat man die unteren Zuschauerränge mit Kunststoffsitzen versehen und führt wieder Theaterstücke und Musik auf. Die Aussicht beim Kunstgenuss ist aber immer eine zwiespältige Angelegenheit: Der Archäologe im Betrachter ärgert sich, aber zugleich freut man sich über eine der schönsten Aussichten Europas.

Aus: Johann Wolfgang von Goethe, *Italienische Reise* (1786–88)

Taormina, Montag, den 7. Mai 1787

Gott sei Dank, daß alles, was wir heute gesehen, schon genugsam beschrieben ist, mehr aber noch, daß Kniep sich vorgenommen hat, morgen den ganzen Tag oben zu zeichnen. Wenn man die Höhe der Felsenwände erstiegen hat, welche ohnfern des Meeresstrandes in die Höhe steilen, findet man zwei Gipfel durch ein Halbrund verbunden. Was Dieß auch von Natur für eine Gestalt gehabt haben mag, die Kunst hat nachgeholfen und daraus den amphitheatralischen Halbzirkel für Zuschauer gebildet; Mauern und andere Angebäude von Ziegelsteinen, sich anschließend, supplierten die nöthigen Gänge und Hallen. Am Fuße des stufenartigen Halbzirkels erbaute man die Szene quer vor, verband dadurch die beiden Felsen und vollendete das ungeheuerste Natur- und Kunstwerk.

Setzt man sich nun dahin, wo ehmals die obersten Zuschauer saßen, so muß man gestehen, daß wohl nie ein Publikum im Theater solche Gegenstände vor sich gehabt. Rechts zur Seite auf höheren Felsen erheben sich Castelle, weiter unten liegt die Stadt, und ob schon diese Baulichkeiten aus neueren Zeiten sind, so standen doch vor Alters wohl eben Dergleichen auf derselben Stelle. Nun sieht man an dem ganzen langen Gebirgsrücken des Aetna hin, links das Meerufer bis nach Catania, ja Syrakus; dann schließt der ungeheure, dampfende Feuerberg das weite, breite Bild, aber nicht schrecklich, denn die mildernde Atmosphäre zeigt ihn entfernter und sanfter, als er ist.

Wendet man sich von diesem Anblick in die an der Rückseite der Zuschauer angebrachten Gänge, so hat man die sämmtlichen Felswände links, zwischen denen und dem Meere sich der Weg nach Messina hinschlingt. Felsgruppen und Felsrücken im Meere selbst, die Küste von Calabrien in der weitesten Ferne, nur mit Aufmerksamkeit von gelind sich erhebenden Wolken zu unterscheiden.

Wir stiegen gegen das Theater hinab, verweilten in dessen Ruinen, an welchen ein geschickter Architekt seine Restaurationsgabe wenigstens auf dem Papier versuchen sollte, unternahmen sodann, uns durch die Gärten eine Bahn nach der Stadt zu brechen. Allein hier erfuhren wir, was ein Zaun von neben einander gepflanzten Agaven für ein undurchdringliches Bollwerk sei: durch die verschränkten Blätter sieht man durch und glaubt auch hindurch dringen zu können, allein die kräftigen Stacheln der Blattränder sind empfindliche Hindernisse; tritt man auf ein solches kolossales Blatt, in Hoffnung, es werde uns tragen, so bricht es zusammen, und anstatt hinüber ins Freie zu kommen, fallen wir einer Nachbarpflanze in die Arme. Zuletzt entwickelten wir uns doch diesem Labyrinthe, genossen Weniges in der Stadt, konnten aber vor Sonnenuntergang von der Gegend nicht scheiden. Unendlich schön war es zu beobachten, wie diese in allen Punkten bedeutende Gegend nach und nach in Finsterniß versank.

Johann Wolfgang von Goethe
(s. S. 36) im Jahre 1786, ebenfalls in seiner einflussreichen *Italienischen Reise*, über die alten Römer: „Diese Menschen arbeiteten für die Ewigkeit, es war auf alles kalkuliert, nur auf den Unsinn der Verwüster nicht, dem alles weichen mußte."

Villa des Hadrian

Tivoli

Palast, Ausflugsziel, Sommerhaus und Ruhesitz der Superlative: Die Villa des Hadrian war eine wahrhaft kaiserliche Anlage. 16 Jahre lang baute man an den Gebäuden, Gärten und Wasserläufen auf dem 1,2 km² großen Gelände bei Tibur (Tivoli). Ein Großteil der Ausgestaltung wird wohl auf Hadrians eigene Ideen zurückgehen, der sich sehr für Architektur interessierte. Bis zu 20.000 Menschen hielten sich dauerhaft oder temporär auf dem Villengelände auf – und gegen Ende seines Lebens zog auch der Kaiser komplett von Rom in seine Villenanlage um. Bereits im 16. Jh. begann man, sich wieder für die Hadriansvilla zu interessieren; allerdings führte dieses Interesse vor allem dazu, dass Schmuck wie Statuen und Mosaiken in fernen Museen landeten oder in den Villen von Kirchenmännern. Im Jahr 1871 erwarb endlich der Staat das Gebiet und konnte sich daranmachen, das Übriggebliebene systematisch zu erhalten. Bald darauf wurde Tivoli zu einem wahren Mekka für Schriftsteller und Künstler wie den Dresdner Maler Ludwig Richter, der seinen Besuch dort in seinen Memoiren verewigt hat. Heute kann man immerhin ein Drittel des ursprünglichen Gebietes begehen und die Überreste der wichtigsten Gebäude wieder besichtigen – wie den Canopus, eine 120 m lange Imitation des berühmten Kanals bei Alexandria, oder das *Teatro Marittimo* mit seinem kreisförmigen Säulengang um einen künstlichen runden See mit bebauter Insel, sicherlich eines der ungewöhnlichsten antiken Bauwerke.

Aus: Ludwig Richter, *Lebenserinnerungen eines deutschen Malers* (1885)

Nach so langem Herumstreifen in freier Natur, in Wald und Bergen war es wohltuend, in Rom eine kurze Pause zu machen, um sich an den großen Kunstwerken im Vatikan und in den Galerien Borghese und Doria wieder zu sammeln und zu stärken.
Nachdem mancherlei Geschäfte abgetan, Papier, Farben und Stifte komplettiert waren, wanderten wir unserer fünf, Oehme, Wagner, Götzloff, Rist und ich, und zwar zu Fuß, nach Tivoli. Der Weg durch die Campagna war sehr heiß, und wir langten gegen Mittag an den Weingärten und dem Olivenwalde an, wo der Weg nach dem Städtchen sich hinaufzieht. In den engen Gäßchen, welche zu unserem Albergo, der Sibylle, führten, waren wir bald von einem Gefolge von Bettlern aller Art begleitet. Kinder und Greise, Krüppel und Gesunde, Bettler von Metier und Dilettierende, welche zum Zeitvertreib und aus Langeweile mitliefen, jammernd oder lustige Witze reißend, sie alle umschwirrten uns wie die Fliegen; ja ein altes Weib streckte ihre dürre Hand aus einem Fenster des dritten Stockes mit der Bitte „un bajocco, signori!" So langten wir in stattlichem Gefolge samt unserem Esel, welcher das Gepäck trug, vor der Sibylle an. Der Wirt wies uns mehrere kleine Zimmer an, und ein billiger Akkord für Kost und Wohnung war bald abgeschlossen. Vor der Haustür saß auf der Steinbank ein achtzigjähriger deutscher Maler, ein Hannoveraner, der uns stumpf und grämlich ansah. Er war ein Freund des früheren

Wirts gewesen und von diesem testamentarisch auf den Sohn vererbt worden zu lebenslänglicher Pflege für eine sehr geringe Pension, welche er aus seiner Heimat bezog. Er wußte von Asmus Carstens und anderen Zeitgenossen zu erzählen, hatte auch Kniep gekannt, den Landschaftsmaler, welcher Goethe nach Sizilien begleitete. Freund Götzloff hatte diesen alten Kniep einst in Neapel angetroffen und war von ihm gefragt worden, ob er als Sachse vielleicht einen gewissen Goethe kenne, und ob dieser noch in Weimar lebe. So isoliert, abgestumpft und abgestorben dem Vaterlande lebte das alte Männchen in der Fremde. Eine ähnliche Ruine war der alte Frei, so hieß der Sibyllenalte, ohne jede Beziehung zu dem geistigen Leben und Bewegen in der Kunst dieser Zeit unter seinen Landsleuten. Er war deshalb meist stumm und sah grämlich drein, und nur auf Befragen hörte man von ihm ein Stück Kunstgeschichte vom Ende des vorigen und Anfang dieses Jahrhunderts.

Die Fenster unserer Zimmer gingen auf den Hof hinaus, in welchem an steil abfallender Felswand der bekannte Tempel der Sibylle (oder Vesta) stand. Aus der Tiefe des grün umbuschten Felsenkessels tönte das Gebraus des Anio herauf, welcher, nachdem er in prachtvoller Kaskade sich in die Neptunsgrotte herabgestürzt hatte, zwischen Felsen gedrängt dumpf grollend und brausend seinen Weg aus dem Tale suchte. Hier oben war für mich und Freund Oehme unser Lieblingsplätzchen. Wenn wir des Tages Last und Hitze getragen und unser einfaches pranzo verzehrt hatten, lagerten wir uns gern in den späteren Abendstunden zwischen den Säulen des kleinen, reizenden Tempels und schwatzten über Kunst. [...] Sobald ich mich einigermaßen in der nächsten Umgebung Tivolis orientiert hatte, ging es an ein fleißiges Arbeiten von früh bis abends, und zwar mit einer Lust und Freude, die gar keine Ermüdung aufkommen ließ; denn die Fülle der verschiedenartigsten und schönsten Motive reizte immer von neuem zur Tätigkeit und was nicht als ausgeführtes Studienblatt in die Mappe kam, fand wenigstens als flüchtiger Entwurf sein Plätzchen im Skizzenbuche. [...]

Drüben auf der anderen Seite des Tales rauschten und stäubten die Cascatellen hernieder, silberglänzend in der Morgensonne, oben lagen die grauen Mauern der Villa des Mäzen, und über den schattigen Olivenwäldern schimmerte in zartem Blau das liebliche Albanergebirge in dies friedliche Landschaftsbild herein. Hübsche, schwarzäugige Mädchen stiegen langsam den Talweg herauf, den Kopf belastet mit Körben voll süßer Feigen oder früher Trauben, uve zitelle, welche schon im August reif sind, und für einige Bajocchi hatte ich eine Fülle dieser Früchte. Die Mädchen ruhten bei mir aus, guckten neugierig meinem Zeichnen zu und fanden zu ihrer Zufriedenheit alles richtig darauf, „o quanto bello!" [...]

Nachdem nun noch manches Studienblatt gesammelt wurde, bald in dem wasserbrausenden Felsenkessel der Sibyllengrotte, in der köstlichen Villa d'Este mit ihren uralten Zypressen oder in dem einsamen Tale, wo die Claudischen Aquaedukte stehen, oder interessante Häusergruppen in der Stadt selbst, so wurde von Wagner und mir der Entschluß gefaßt, den ganzen Monat September in Olevano zuzubringen, welches seit Kochs Zeiten der Lieblingsaufenthalt der deutschen Maler geworden war.

Ludwig Richter (1803–1884) war ein deutscher Maler am Übergang von der Romantik zum Biedermeier. Er schuf zahlreiche Gemälde und über 3.000 Holzschnitte. Als junger Mann verbrachte er drei Jahre in Italien, was seine künstlerische Entwicklung stark beeinflusste.

GRIECHENLAND

Es müßte aber ein Land sein, sagte ich mir, wo ich Eichen, Buchen und heimatliche Flora finden konnte. Kein Land der Palmen. Und ich glaubte, daß Griechenland, von wo wir Europäer edelste Dichtung und herrliche Kunstwerke und unsere Menschlichkeitslehre im reinsten künstlerischen Sinn empfangen hatten, das rechte Land für mich wäre.

Aus: Max Dauthendey, *Gedankengut aus meinen Wanderjahren* (1913)

Tempel der Aphaia
Ägina

Im Saronischen Golf zwischen Piräus und Epidauros liegt die kleine Insel Ägina. Ihre Blüte hatte sie in der archaischen Zeit, noch vor der griechischen Klassik. Es verwundert daher wenig, dass gerade hier einer der wichtigsten Kunstschätze aus dieser Periode ans Tageslicht kam: der Tempel der Göttin Aphaia. Ein erster Tempel für die wenig bekannte, eigentlich von der Insel Kreta stammende Göttin entstand hier im frühen 6. Jh. v. Chr. Nach einem Brand wurde der Tempel Anfang des 5. Jhs. v. Chr. im neuen Stil wieder aufgebaut und mit Säulen umgeben – wie man es heute von einem griechischen Tempel erwartet. Besonders interessant waren die Skulpturen, die die beiden Giebel schmückten. 1811 grub man die Figurengruppen aus, die den Kampf um Troja zeigen. Diejenigen vom westlichen Giebel gehören, wie der ursprüngliche Tempelbau, noch in die vorklassische Frühzeit der griechischen Kunst. Alle Giebelfiguren wurden zwei Jahre nach ihrer Entdeckung von einem Kunstexperten des bayerischen Königs Ludwig I., Johann Martin von Wagner, erworben, der für den Ankauf zahlreicher Stücke verantwortlich war, die in der in Entstehung begriffenen Münchener Glyptothek ausgestellt werden sollten. Als die Glyptothek nach 15 Jahren Bauzeit 1830 ihre Pforten öffnete, waren die bald „Ägineten" genannten Figuren des Aphaiatempels das Prunkstück der Sammlung – und dasjenige Ausstellungsstück, auf das auch der König besonders stolz war, wie man seinen Aufzeichnungen entnehmen kann. Sie sind heute noch die größte Attraktion dort.

Aus: Ludwig von Urlichs,
Die Glyptothek seiner Majestät des Königs Ludwig I. von Bayern (1867)

Der König aber lebte und webte in den Räumen. Am 10. August schrieb er: „Der Aegineten Saal ist beendigt, sie aufgestellt und dermaßen wohl auch auf dem steinern marmorbekleideten Stylobat. Von herrlicher Wirkung ist dieser, sind die andern fertigen Glyptothek Säle. Zweimal bei Fackelbeleuchtung besah ich sie diesen Sommer. Dankbar dachte ich, dass ich das meiste was sie enthalten, Wagners Bemühungen zu danken habe, namentlich die Aegineten."

Auf die eventuelle Benützung der kleinen Bildsäulen aus dem Antiquarium wies Wagner hin. Am 29. September 1828 meldete der König, dass die herrliche Mosaik aus der Gegend von Sassoferrato [...] angekommen, „sie dürfte ihres Gleichen nicht haben," und nach der Ankunft des letzten Transports: „Ich besitze mehr Antiken, als ich geglaubt, wenige Lücken gibt es. Ein neues Verzeichniss lasse ich anfertigen, erst dann werde ich Sie unterrichten, was noch zu erwerben ist, bis dahin kaufen Sie nichts mehr. Wagners muthiger Treue und Eifer und Kenntnissen und Geschäftsgewandtheit, seiner unermüdlichen Thätigkeit verdanke ich ausser den in Paris und Wien und Verona erworbenen Antiken, die ich besitze, die Aegineten allein sind mehr werth als manche Sammlung." Auch Wagner war eifersüchtig, dass Wolff nach Griechenland reiste; er warnte den König, und dieser schrieb Heydecker zu wachen, dass in seinem Theater zu Milo keine Nachgrabungen Statt fänden.

Ludwig von Urlichs (1813–1889) war ein deutscher Philologe und Archäologe. Er war Professor in Greifswald und Würzburg, sein archäologisches Spezialgebiet waren antike Keramik und Bildhauerkunst. Er verfasste einen ausführlichen Führer durch die Münchener Glyptothek.

Dionysostheater

Athen

Wenn man von der Akropolis aus nach Süden blickt, dann sieht man unten am Hang die Überreste eines Gebäudes, das für die europäische Literaturgeschichte wichtig ist wie kein zweites: Im Dionysostheater ließen die klassischen Autoren der griechischen Tragödie, Aischylos, Euripides und Sophokles, ihre Stücke uraufführen. Schon vor dem Theater gab es hier ein Heiligtum des Dionysos, des Gottes von „Wein, Weib und Gesang" (sozusagen), und natürlich wurde dann auch das große Theater nach ihm benannt. Denn die Aufführung von Tragö-dien und Komödien folgte einem festgelegten Ritual, als Wettkampf im Rahmen des jährlichen Dionysosfests, der „Dionysien", mit ihren ausge-

lassenen Umzügen und Prozessionen. Dieses Fest hat die Romanschrift-
steller der Moderne immer wieder inspiriert, wie z.B. Robert Hamerling,
auch wenn über die genauen Abläufe wenig überliefert ist. Eigentlich
weiß man nur sicher, was im Theater geschah und wie es sich entwi-
ckelte. Anfangs saßen die Zuschauer hier auf dem Hang im Gras und
blickten hinab auf die Orchestra und eine Skene aus Holz. Ende des
5. Jhs. v. Chr. errichtete man hölzerne Sitzreihen; als diese während einer
Aufführung zusammenbrachen, entschied man sich für Stein. Dies war
allerdings nicht der Stein, den man heute dort sieht: Ende des 4. Jhs. v. Chr.
wurde das Theater komplett neu gebaut. Am Ende verfügte es über 78
Sitzreihen, die etwa 18.000 Zuschauern Platz boten. Über 1.000 Jahre
lang spielte man hier Theater.

Aus: Robert Hamerling,
Aspasia. Ein Künstler- und Liebesroman
aus Alt-Hellas (1875)

Ländliche Scharen mischen sich unter die Städter und teilen mit ihnen
die Festlust, versammeln sich um ihre Lieblinge, die thebanischen
Pfeifer, welche sonst musizierend die ländlichen Gaue zu durchwandern
pflegen, oder verpflanzen das Lieblingsspiel ihres ländlichen Dionysosfestes in die Stadt: das Springen auf eingeölte Schläuche, wo jeder, der
im Sprung auf dem schlüpfrigen Balle mit nackten Füßen festen Boden
zu fassen sucht, unter unendlichem Gelächter der Zuschauer mit drol-
ligem Gezappel immer wieder heruntergleitet.
Ungebundener waltet die Lust in den Straßen sobald die Dunkelheit eingebrochen. Da wandern die Nachtschwärmer umher: sie haben Schellen
und tragen Fackeln und sind bekränzt, Weiblein sind darunter, welche

Männerkleider an sich haben und Männer in Frauengewändern – mit den Händen wird geklatscht neben dem Lärm der Schellen, um wie mit Zimbeln den Takt zu schlagen zu dem Schellenklang und Gesänge. [...] Ausschweifende Lustigkeit, ja Trunkenheit, wird als eine Pflicht gegen den Gott betrachtet in diesen Tagen und Nächten.

Und der Gott, er rechtfertigt in dieser Zeit seinen Beinamen eines „Befreiers". Selbst die Gefangenen werden aus den Kerkern entlassen für die Tage der Festlichkeit. Und sogar den Toten wird Wein auf die Gräber gegossen. Man will die Schatten beschwichtigen, welche ja gewiß nicht ohne Neid die Lust der lebendigen entbehren, Wollen doch die Aengstlichen sogar wissen, die Seelen der Toten mischten um diese Zeit zuweilen sich heimlich in den Reigen der Schwärmenden, und unter mancher Satyrmaske im Festschwarm berge sich ein fleischloses Totenhaupt ...

Frau Telesippe kaut in diesen Tagen fleißig die Blätter des Wegdorns und läßt ihre Pforte mit Teer bestreichen, denn nur so ist das Unheil abzuwenden, das zur Zeit des großen Dionysosfestes die Lebendigen bedroht von seiten der neidischen Schatten.

Fast unheimlich ist es in der Tat anzusehen, wie des Nachts bald hier, bald dort in den dunklen Gassen Fackelschein aufglänzt und ein phantastischer Zug auftaucht, welcher lärmend dahinrast.

Jetzt bewegt sich ein ungeheurer Schwarm durch die Straßen, welche vom Lenaion zum Theater führen. Man trägt das Bild des Dionysos aus seinem Tempel im Lenaion in das Theater und stellt es dort inmitten der Festversammlung auf. Das Bild des Gottes, welches da getragen wird, ist ein neu vollendetes Werk, ein Werk aus der Hand des feurigen Alkamenes. Wie auf der Burg neben das alte Holzbild der Athene Pheidias sein neues, glänzendes Werk gestellt, so gesellt sich jetzt auch im Lenaion dem altehrwürdigen, schlichten Dionysosbild das neue, herrliche Werk des Alkamenes. Und dieses eben trägt man jetzt in die Festversammlung des großen Dionysostheaters. Bacchantenscharen umgeben es. Wer ist der tolle Schwarm, der einen Phallos dem Bilde voranträgt und Lieder singt zu Ehren des Priapos? Es ist Alkibiades mit seiner Ithyphaller-Gesellschaft.

An den Scheidewegen und auf den offenen Plätzen hält der Zug, um Trankopfer zu spenden oder Opfertiere zu schlachten.

Die wie Altane gebauten Dächer der Häuser sind voll von Zuschauern, von welchen viele Fackeln und Lampen in Händen halten. Auch die

Frauen fehlen dabei nicht. Bald mischt Mutwille und Scherz von den Dachterrassen herab sich in die Ungebundenheit des Straßengetümmels.

Der junge Alkibiades scheint auf dem Gipfel seiner tollen Laune angelangt, er übertrifft sich selbst in übermütigen Streichen an der Spitze seiner Gesellschaft.

„Bedenkt", ruft er den Ithyphallern zu, „daß wir, die wir auch sonst schon schwärmen und rasen, am Dionysosfeste verpflichtet sind, doppelt zu schwärmen und zu rasen, wenn wir nicht in der Schwärmerei eingeholt und übertroffen werden wollen von den nüchternsten Pfahlbürgern der Athenerstadt!"

Unter solchen Aneiferungen stürmte Alkibiades mit seinen Gefährten, alle Athener kennend und von allen gekannt, durch die Schwärme des Volkes hin. Als die Nacht eingebrochen war, ließ er sich Fackeln vorantragen, und führte die Seinen in lärmendem Aufzuge, unter vorauf-ziehender Musik, zu den Häusern schöner Mädchen und Knaben, um ihnen Ständchen zu bringen. Die Musizierenden selbst waren meist Flöten- und Lautenspielerinnen, als Mänaden gekleidet, und da auch die mit Musik begrüßten dem Zuge sich anschlossen, so gestaltete derselbe sich immer ähnlicher einem Schwärme von Bacchanten, die um den Gott Dionysos geschart sind.

Zuletzt bemächtigt sich der mutwillige, trunkene Alkibiades einer jugendlichen Hetäre, Bacchis geheißen, welcher er, umherschweifend, begegnet, und zwingt sie, seinem Zuge sich anzuschließen. Er nennt sie seine Ariadne und sich selber ihren Bacchos.

Robert Hamerling (1830–1889) war ein österreichischer Schriftsteller und Dichter. Heute kaum noch gelesen, war er zu Lebzeiten ein echter Bestsellerautor. In seinen Werken griff er viele Motive und Themen der klassischen Antike auf, die er zum Teil in episch langen Gedichten verarbeitete.

Erechtheion

Athen

„Erechtheion" nannte man den markanten Tempel auf der Athener Akropolis erst in der römischen Kaiserzeit. Die Bezeichnung entstand wohl aus der Verlegenheit heraus, dass man nicht so recht wusste, wie man den Tempel nennen sollte; schließlich war er nicht einem Gott oder einer Göttin gewidmet, sondern ein wahres kultisches Sammelsurium: Mehr als ein Dutzend verschiedene Kulte und Gottheiten fanden in diesem Tempel Platz; u. a. wähnte man hier das Grab des Erechtheus, des mythischen Königs von Attika. Erbaut wurde der Tempel von Perikles; Baubeginn war ca. 421 v. Chr., als der Pelopon-

nesische Krieg durch einen mehrjährigen Waffenstillstand („Nikiasfrieden") unterbrochen war. Die Fertigstellung im Jahre 406 v. Chr.
erlebte der Staatsmann indes nicht mehr. In römischer Zeit wurde das
Gebäude zum ersten Mal umgebaut, im 7. Jh. wurde eine Kirche daraus,
im 15. Jh. unter osmanischer Herrschaft sogar der Harem eines Militär-
kommandanten. Berühmt ist dieser Tempel vor allem wegen der Koren
(auch Karyatiden genannt), der Frauenstatuen, die das Gebälk tragen –
und von denen man bis heute nicht weiß, wen sie eigentlich darstellen
sollen. Sie sind durch das Erechtheion zu einem architektonischen Topos
des Klassizismus geworden, auch wenn sie hier nicht zum ersten Mal
auftraten. Inzwischen sind sie an Ort und Stelle durch Nachbildungen
ersetzt, um sie vor Witterung und dem in Athen omnipräsenten Smog zu
schützen; fünf der sechs Originale befinden sich am Fuße der Akropolis
im Neuen Akropolismuseum, eines hat dank Lord Elgin den Weg nach
London gefunden, zusammen mit den Parthenonskulpturen (s. S. 91).

Aus: Hugo von Hofmannsthal,
Augenblicke in Griechenland (1908)

Der Blick von Akrokorinth umfaßt zwei Meere mit vielen Inseln, die Schnee-
gipfel des Parnaß, die Berge von Achaia: das Licht schafft etwas aus diesem
allen, eine Ordnung, die das Herz beseligt; wir haben kein besseres Wort
dafür als Musik: aber es ist mehr als Musik. – Welche Lektion gibt dieses Licht
dem denkenden Betrachter! Keine Übertreibung, keine Mischung – erblicke
jedes für sich, aber erblicke es in seiner ursprünglichen Reinheit. Sondere
nicht, dränge nicht eins zum andern: es ist alles gesondert, alles verbunden;
bleibe gelassen; atme, genieße und sei.
Nichts ist schwerer, als in dieser Landschaft zu erraten, ob eine Gestalt nahe
oder ferne sei. Das Licht macht sie deutlich und vergeistigt sie zugleich,
macht sie zu einem Hauch. Aber die Kraft einer Gebärde auf hundertfünfzig
Schritt ist groß; ein Handwink des Agogiaten ruft aus seiner fernen Felsen-

spalte den Hirten mit seinem Wasserschlauch herbei. Wunderbar zu denken, wie in diesem Licht die Schiffskapitäne in der Schlacht von Salamis von ihren bunten hölzernen Kommandobrücken herab die Befehle gaben, die man im Brüllen und Krachen der Schlacht von keiner menschlichen Stimme hätte empfangen können, und wie griechische Augen, in dieser Atmosphäre von vibrierendem Silber die ausgereckte Hand des Themistokles suchend, gegen Abend das Geschick der Welt entschieden.

Die homerischen Götter und Göttinnen treten fortwährend aus der hellen Luft hervor; nichts erscheint natürlicher, sobald man dieses Licht kennt. Wir sind aus dem Norden, und das Halbdunkel des Nordens hat unsere Einbildungskraft geformt. Wir ahnten das Mysterium des Raumes, aber wir hielten keine andere Art, diese zu verherrlichen, für möglich, als die Rembrandts: aus Licht und Finsternis. Aber hier erkennen wir: es gibt ein Mysterium im vollen Licht. Dieses Licht umfängt Gestalten mit Geheimnis und mit Vertraulichkeit zugleich. Es sind nur Bäume und Säulen, die unser Blick in diesem Licht umarmt: zuhöchst die stummen Leiber der Trägerinnen am Erechtheion, die halb Jungfrauen sind, halb noch Säulen, und doch ist ihre leibliche Schönheit in diesem Licht von bezwingender Gewalt. Aber die Götter und Göttinnen waren Statuen aus Fleisch und Blut, aus ihren Augen unter der schweren, beinahe harten Stirn loderte das Feuer des Blutes, und in dieser Luft, die um jede Gestalt, und wäre es die eines blühenden Zweiges, einen Schleier legt von Ehrfurcht und von Begehren zugleich, erahnen wir den Blick, mit dem Paris, der einsame Hirt, die drei Göttinnen maß, als sie aus der blitzenden Luft auf ihn zutraten, geschwellt von Stolz und Eifersucht aufeinander und willens, alles zu bieten, um den Siegespreis zu gewinnen.

Welche Situation! – und trägt sie nicht, wie ein Diamant, den keine daraufgelegte Last zermalmt, das ganze ungeheure, finstere Geschehen der Ilias? – Ja, diese Mythen sind noch in einer anderen Weise wahr, als wir ahnten. Wir liebten sie als die Erzeugnisse der harmonischsten Einbildungskraft: aber es ist mehr, als wir wußten, von der Magie in ihnen, die unmittelbar aus dem Wirklichen auf den Menschen eindringt. Bevor den Parnaß der erste Strahl der Sonne trifft, legt sich wirklich ein Etwas von der Farbe der Rose auf seinen höchsten Gipfel – genau die Farbe vom lebendigen Fleisch der Rose, zwei Finger von der Hand einer Frau, die sich auf einen Schiffsbord legen, und ebenso leicht wie die Bewegung einer Frauenhand, und es kostet hier weniger Anstrengung der Phantasie, die Eos mit Fingern aus Rosen jenseits gegen Westen fortfliegen zu sehen, schnell wie eine Taube – als sich im Halbdunkel unserer ewigen Winternachmittage eine blühende Hecke vorzustellen.

Hugo von Hofmannsthal (1874–1929) war ein österreichischer Schriftsteller und einer der Protagonisten der Wiener Kulturszene um 1900. Neben vielen Theaterstücken schrieb er auch Opernlibretti, z.B. für den *Rosenkavalier*, und half mit, die Salzburger Festspiele aus der Taufe zu heben.

Hadriansbibliothek

Athen

Der römische Kaiser Hadrian gilt als der Architekt unter den römischen Potentaten. Kein anderer Herrscher Roms hat so viele bauliche Spuren im Imperium hinterlassen, und zwar nicht nur in Italien, sondern auch in Griechenland, vor allem in Athen. Der griechische Reiseschriftsteller Pausanias beschreibt eine Generation nach dem Ableben des Kaisers voll Bewunderung die Bauten, die Hadrian in der Stadt hat errichten lassen. Ein Beispiel, das dabei in puncto prunkvoller Ausstattung heraussticht und von dem man heute noch zumindest einzelne Teile besichtigen kann, ist die 132 n. Chr. erbaute Bibliothek, die Hadrians Namen trägt. 1821 wurde sie entdeckt und Pausanias' Beschreibung half, den Bau zu identifizieren. Zwei der ursprünglich drei Stockwerke sind noch sichtbar, etwa 15.000–20.000 Schriftrollen könnten darin Platz gefunden haben. Das Bibliotheksgebäude, Hadrians größtes Bauwerk, war von einem Hof mit einem Wasserbecken umgeben, der von Marmorsäulen umstanden war. Eine letzte Restaurierung der Bibliothek fand Anfang des 5. Jhs. statt; später, in byzantinischer Zeit, hatten die Christen wohl keine Verwendung mehr für den Bau – die Überreste dreier verschiedener Kirchen hat man auf dem 70.000 m² großen Areal der Bibliothek entdeckt. Zur frühesten dieser Kirchen gehören auch die auf dem Gelände freistehenden Säulen. Der Teil der Bibliothek, der noch erhalten ist, gehörte zum östlichen Trakt – die Säulen dort lassen kaum ermessen, wie reich das Gebäude einst verziert war.

Aus: Pausanias,
Beschreibung Griechenlands (ca. 160 n. Chr.)

Vor dem Eingang zum Heiligtum des olympischen Zeus (der römische Kaiser Hadrian weihte den Tempel und die Statue, eine äußerst sehenswerte, die in ihrer Größe alle anderen Statuen übertrifft – außer den Kolossalstatuen von Rhodos und Rom; sie ist aus Elfenbein und Gold und von einer bemerkenswerten Kunstfertigkeit, wenn man ihre Größe bedenkt) stehen Statuen von Hadrian, zwei aus Stein aus Thassos, zwei aus ägyptischem Stein. Vor den Säulen stehen Bronzestatuen, die die Athener die „Kolonien" nennen.

Der gesamte Umfang des Heiligtums beträgt etwa vier Stadien, und es ist voll von Statuen, denn jede Stadt hat ein Bildnis des Kaisers Hadrian geweiht, die Athener aber haben alle anderen darin übertroffen, mit einer bemerkenswerten Kolossalstatue hinter dem Tempel. Innerhalb des Heiligtums stehen alte Kunstwerke: ein bronzener Zeus, ein Tempel des Kronos und der Rhea und ein Heiligtum der Gaia, die den Beinamen Olympia trägt. Hier öffnet sich der Boden ungefähr eine Elle breit, und man sagt, hier sei nach der Überschwemmung zur Zeit des Deukalion das Wasser wieder abgeflossen; man wirft jedes Jahr mit Honig vermengtes Mehl hinein.

Auf einer Säule steht eine Statue des Isokrates, der drei Dinge hinterlassen hat, die es wert sind, erwähnt zu werden: dass er auch mit 98 Jahren noch seine Schüler unterrichtete; dass er sich ganz besonnen von der Politik fernhielt und nie sich in öffentliche Angelegenheiten einmischte; und dass er die Freiheit so sehr liebte, dass er seinem Leben selbst ein Ende machte, als er von der Niederlage bei Chaironeia hörte. Es stehen dort auch Statuen der Perser aus phrygischem Marmor, die einen Dreifuß aus Eisen stützen; sowohl die Figuren als auch der Dreifuß sind sehenswert. Der alte Tempel des Olympischen Zeus soll von Deukalion errichtet worden sein, und als Beweis dafür, dass Deukalion in Athen lebte, zeigt man seine Grabstätte, unweit vom heutigen Tempel.

Hadrian konstruierte für die Athener noch weitere Gebäude: einen Tempel für Hera und Zeus Panhellenios, ein allen Göttern geweihtes Heiligtum, und, besonders schön, einen Bau mit einhundert Säulen aus phrygischem Marmor. Die Säulen, Räume und Wände dort sind ebenfalls aus diesem Material. Daneben gibt es Gebäude mit vergoldeter Decke, dekoriert mit Alabaster und Statuen und Bildwerken; darin bewahrt man Bücher auf. Ferner gibt es ein nach Hadrian benanntes Gymnasion; auch dort stehen einhundert Säulen, diese aus libyschem Marmor.

Pausanias (ca. 110–ca. 180 n. Chr.) war ein griechischer Geograph. Seine *Beschreibung Griechenlands* umfasste zehn Bücher und vermittelt neben geographischen auch viele geschichtliche und kulturhistorische Informationen. Um Fakten zu sammeln, bereiste er ganz Griechenland.

Olympieion

Athen

D ie wichtigste Stadt Griechenlands? Natürlich Athen. Der wichtigste Gott? Natürlich Zeus. Niemanden wird es da wundern, dass der Tempel des olympischen Zeus in Athen, das Olympieion, einer der größten Tempel der griechischen Antike war (immerhin schafft er es auf Platz 5 der Rangliste). Im 19. Jh. war nicht nur Hermann Hettner überzeugt, der Athener Zeustempel müsse der größte Tempel überhaupt sein – die anderen waren noch nicht in hinreichendem Maße erforscht. Natürlich dauerte es seine Zeit, ein solches Bauwerk zu errichten. In diesem Fall jedoch brach die Bauzeit alle Rekorde: Ein Dreivierteljahrtausend (!) brauchte es, bis der im 6. Jh. v. Chr. begonnene Bau fertiggestellt werden konnte. Ein erster Baustopp war wahrscheinlich darauf zurückzuführen, dass den um 520 v. Chr. in Athen herrschenden Tyrannen Hippias und Hipparchos das Geld ausging. Später verwendete man einzelne Bauteile des Tempels für andere Bauten; das musste geradezu als schamlos gelten, aber wahrscheinlich galt diese Respektlosigkeit nicht Zeus, sondern der überwundenen Tyrannei. 174 v. Chr. gab es einen neuen Versuch, den Bau zu vollenden; offenbar war mittlerweile wenig mehr übrig als Teile des Fundaments. Erst der philhellenische römische Kaiser Hadrian vermochte das Olympieion im Jahre 131 n. Chr. fertigzustellen. 104 Säulen im korinthischen Stil, 17 m hoch und bis zu 1,70 m im Durchmesser, umgaben das 108 x 41 m große Bauwerk. Im Inneren des Tempels ließ Hadrian neben der schon fast obligatorischen Kolossalstatue des Zeus eine weitere riesenhafte Statue aufstellen – von sich selbst. Bescheidenheit war seine Sache nicht. Heute kann man immerhin noch 15 der Säulen und ein paar Fragmente des Architravs bestaunen. Dass diese einmal Teil eines knapp 4.500 m² großen Tempels gewesen sind, ist kaum fassbar.

Aus: Hermann Hettner, *Griechische Reiseskizzen* (1852)

Ungleich mehr Überreste sind aus der Zeit der Römer erhalten; besonders aus der Zeit Hadrians, der in seiner Verehrung des griechischen Altertums der größte Wohltäter des späteren Athens ward. Ich fühle keine Neigung in mir, dir jetzt ausführlich den sogenannten Turm der

Winde oder die Stoa und das Tor des Hadrian und das Theater des Herodes Atticus zu schildern. Es sind zum Teil gewaltige Werke. Aber angesichts der hohen Vollendung der Perikleischen Bauten wird man ungerecht gegen sie. Wer mag es mir verargen, wenn ich die kurze Zeit, die mir hier in Athen gegönnt ist, lieber Homer und Sophokles lese als Virgil und Seneca?

Da drüben dicht unter dem östlichen Abhange der Akropolis steht der riesige Tempel des olympischen Zeus. Es war der größte Tempel des Altertums; bereits Pisistratus hatte ihn begonnen, Hadrian aber erst vollendet. Noch sind sechzehn gewaltige Säulen erhalten, eine jede sechzig Fuß hoch und von einem Umfang, dessen Durchmesser mehr als sechs Fuß beträgt; oben sind sie gekrönt mit wunderbar reichen, fein profilierten korinthischen Kapitellen. Ich fühle es, fänden wir diese Säulen einsam für sich, durch keine anderen großen Eindrücke beeinträchtigt, wir würden weither zu ihnen wallfahrten und ihnen aus vollster Seele unsere gerechte Bewunderung zollen. Hier in Athen aber, durchdrungen von der einfachen Erhabenheit der höchsten Kunstblüte, erwecken diese Säulen in uns nur das Gefühl der Leere. Wir sehen es, wie vergeblich sie sich abmühen, durch äußere Kolossalität und Pracht zu ersetzen, was ihnen an innerer Gediegenheit abgeht; und dieses Gefühl der Leere wird nur um so unabweislicher, je unverkennbarer dieser Bau in tolldreister Selbstüberschätzung die Herrlichkeit des benachbarten Parthenon zu überbieten trachtet.

Hermann Hettner (1821–1882) war ein deutscher Kulturhistoriker. Sein bekanntestes Werk ist die *Literaturgeschichte des 18. Jahrhunderts*. Er war Professor für Kunstgeschichte an der Akademie der bildenden Künste in Dresden und Direktor der dortigen königlichen Antikensammlung.

Parthenon

Athen

Der Parthenon auf der Athener Akropolis ist das berühmteste antike Bauwerk und das Wahrzeichen Griechenlands. Ab wann man den der Göttin Athene gewidmeten Tempel „Parthenon" nannte, ist nicht ganz klar, und auch nicht warum – eventuell hat es mit den Jungfrauen (griech. *parthenoi*) zu tun, die im Tempel beschäftigt waren oder vielleicht sogar von der Stadt geopfert wurden. Ein Besuch dieses Tempels gehört zum Pflichtprogramm aller Peloponnes-Reisenden; doch oft vergisst man, dass der etwa 430 v. Chr. geweihte Tempel nicht seit zweieinhalbtausend Jahren in der Form, wie er sich heute zeigt, an Ort und Stelle steht. Im 17. Jh., als Athen den Osmanen gehörte, bombardierten die Venezianer die Akropolis und legten buchstäblich alles in Schutt und Asche. Ein Reisebericht von 1835 zeigt eindrücklich, wie die Griechen sich alle Mühe gaben, ihre Kulturdenkmäler wieder aufzurichten; er spielt auch darauf an, dass es Thomas Bruce, dem 7. Earl of Elgin, 1801–1812 gelang, die wichtigsten Skulpturen, die einst zum Fries des Tempels gehört hatten, nach England zu schaffen. Dort sind sie heute noch im British Museum zu bewundern, während man im Neuen Akropolismuseum in Athen nur Reproduktionen aus Gips sehen kann (von denen man den Eindruck hat, sie seien besonders lieblos gemacht – sicherlich um auf den Verlust der Originale hinzuweisen). Die sogenannten Elgin Marbles sind auch 200 Jahre nach ihrer „Übersiedlung" von Griechenland nach Großbritannien immer noch ein Thema, das zwischen beiden Ländern für Missstimmung sorgt.

Aus: Samuel Ludvigh,
Ludvigh's Reise nach Griechenland.
Über Triest nach Patras, Corinth, Sparta,
Athen, Syra, Patras und Naxos (1835)

Die Akropolis besucht gewiß jeder Freund des Althertums und der Kunst. Gegenwärtig muss man sich bei dem Antiquar Pittaki melden, wo man gegen Erlag von zwei Drachmen eine Karte erhält, welche drei Tage hindurch den Besuch der Akropolis gewährt. Wohl sechsmal suchte ich seine antiquarische Gelehrtheit, bis ich endlich so glücklich war, meine Steuer zu erlegen. Den Ausflug zur Akropolis machte ich des Abends zu Pferd. Ich ritt hinaus zu den Säulen des olympischen Zeus, das Herrlichste, was uns aus dem Alterthum geblieben; von da durch das Thor des Hadrian hinauf auf die Akropolis, auf den Berg des Cecrops, der den ersten Saamen der Kultur auf griechischen Boden gestreut, der Cecropia gegründet hat, das später durch Theseus zum Haupt von ganz Attika gemacht wurde. – Welch' herrliches Panorama hat man hier vor sich!

Unwirthlich ist jedoch dies großartige Panorama und düster die Wiege der Humanität. Gegen Osten sieht man den einst durch einen Honig berühmten Hymettus, gegen Norden den marmorreichen Pentelikos, und bei dem Likabethus, gegen Westen erhebt sich der Cythäron über den Häuptern des Ikarus und Parnassus; südwestlich sind die Berge von Epidaurus, die Inseln Aegina und Salamis, und über den Häfen Piräus und Manichia hinab die unendliche See. Hier vom Berge des Cecrops bis hinauf zum Pyräus standen einst die größten, die herrlichsten Denkmäler; die Stadt vertheidigten einst die durch Themistokles' erbauten Riesenmauern; die Häfen waren befestigt und der Golf mit Schiffen gefüllt ...

Wo ist all dieses? Es verschwand – doch wo sind jene vortrefflichen Statuen, von denen Pausanias Erwähnung thut? – Einen Sulla muß man fragen, die reichen Venetianer, den wilden Türken, und den gebildeten Briten! In der Geschichte von Griechenland kann man die Vergänglichkeit der höchsten irdischen Größe sehen, den Undank und den Wankelmuth des Volks, den steten Wechsel der Regierungsformen, die Ruhmsucht und den Eigennutz Einzelner, und den so seltenen Funken der Tugend. Viel kann man lernen, blickt man etwas tiefer hinein in den mit Blut gesäumten Spiegel des längst entflohenen Zeitalters, und je tiefer wir hineinschauen, desto deutlicher erscheinen uns Welt und Mensch. –

Vom Tempel der Athene sind noch 39 dorische Säulen übrig; der westliche Theil hat durch die Kugeln der Türken bedeutend gelitten, und die Säulen an beiden Seiten des Tempels sind meistens zusammengestürzt. Von dem kleinen, doch herrlichen Tempel des Erichtheus sind noch zehn jonische Säulen übrig. Die Propyleen sind zerfallen; von den Tempeln der Siege und Künste, mit den Malereien eines Polygnot blieb nur noch das Andenken übrig. Diese herrlichen Kunstbauten entstanden unter der Regierung des Perikles, und waren mit den Meisterwerken eines Phidias geschmückt. Am längsten verweilte ich bei den Trümmern des Parthenon ... kolossale Säulen und Trümmer umgeben mich, die Form ist dahin und längst mit ihr das kolossale Bild Pallas Athene. –

Die Regierung verwendet viel auf Reinigung und Ordnung der Akropolis. Man gräbt hier fleißig, doch außer unbedeutenden kleinen Basreliefs hat man noch wenig erbeutet.

Samuel Ludvigh (1801–1869) war ein deutschsprachiger Schriftsteller und Journalist aus Ungarn. Er bereiste u. a. Griechenland und die Türkei. Der sozial engagierte Dichter prangerte immer wieder die Missstände in Ungarn an. Mit 36 Jahren wanderte er in die USA aus.

Stoa des Attalos

Athen

Selbstverständlich ist die komplett intakte Stoa des Attalos an der Agora von Athen kein erhaltener Originalbau. Was heute dort steht, ist eine aufwendige Rekonstruktion der 1950er-Jahre unter Federführung der American School of Classical Studies at Athens, gesponsert vom Sohn John D. Rockefellers. Eine solche Stoa (Wandelhalle) gehörte standardmäßig zu einer griechischen Agora der hellenistischen Zeit. Diese hier in Athen wurde ca. 159–138 v. Chr. errichtet und ebenfalls vom reichen Sohn eines noch reicheren Vaters gesponsert: Attalos II., Sohn Attalos I. und wie dieser König von Pergamon. Sein Bruder hatte schon ein ähnliches Gebäude gestiftet; nun wollte Attalos nachziehen. Mit dem Geschenk der Stoa bedankte er sich, so die offizielle Version, für seine Ausbildung, die er in Athen genossen hatte. Tatsächlich ist das Gebäude ein Beispiel für die schamlose Selbstdarstellung eines fremden Herrschers in der griechischen Metropole (so ließ es sich Attalos nicht nehmen, vor dem Bau eine bronzene Quadriga aufstellen zu lassen, mit sich selbst als Wagenlenker). Die Athener werden dies hingenommen haben, immerhin erhielten sie ein imposantes öffentliches Gebäude. Zwei Etagen hat die 115 x 20 m große Stoa, heute wie damals, 2 x 45 Marmorsäulen bilden die Arkade. Hinter der großen Halle liegen 21 annähernd quadratische Räume. Auch wenn nicht klar ist, wozu sie in der Antike dienten, so spricht doch einiges für eine Art Einkaufspassage. Und auch heutzutage noch geht es hier um wirtschaftliche Interessen: 2003 fand in der Attalos-Stoa die Zeremonie für den Beitritt zehn neuer Staaten in die EU statt – lange vor der Griechenlandkrise.

Aus: Ferdinand Gregorovius, *Geschichte der Stadt Athen im Mittelalter* (1889)

Noch während der Regierung Justinians fielen um 539 und 540 die Bulgaren und Slaven, von den Avaren aus ihren Sitzen fortgedrängt, verheerend in Illyrien, Mösien, Thrakien und Makedonien ein. Sie zogen von dort, ohne irgend namhafte Hindernisse anzutreffen, weiter durch den Paß der Thermopylen und drangen sogar bis zum Isthmus vor. Niemand weiß zu sagen, ob sie damals auch Attika und Athen heimgesucht haben. Dieser furchtbare Slavensturm muß es gewesen sein, was den Kaiser Justinian bewog, der Mauerlinie des Anastasios noch drei andere Befestigungsgürtel hinzuzufügen, sowohl an der Donau als in Epiros, in Makedonien und Thrakien. Sodann deckte er Hellas durch die neue Verschanzung der Thermopylen, den Peloponnes durch die Herstellung der Isthmusmauer, welche seit den Zeiten Valerians dem Verfall überlassen war.

Gleich vielen Städten in Nordgriechenland ließ er auch dort die namhaftesten befestigen, Korinth, Platää nebst anderen Orten Böotiens und Athen, deren Wälle entweder wie jene Korinths durch Erdbeben zerstört oder durch Alter und Vernachlässigung verfallen waren. Justinian stellte demnach die athenischen Stadtmauern wieder her und versah wohl auch die Akropolis mit stärkeren Befestigungen. Neuere Forscher sind der Ansicht, daß die alten, schon seit langem verfallenen Mauern der Unterstadt zur Zeit jenes Kaisers entweder ganz verlassen oder doch auf den sehr kleinen Halbkreis zusammengezogen wurden, welcher vom Eingange der Akropolis 500 Schritte weit nordwärts zur Agora und zum Keramikos fortging, dann ostwärts bei der Panagia Pyrgiotissa umlenkte, um 600 Schritte in gerader Richtung weiterzugehen und dann bei der Kapelle des Demetrios Katiphori, welche heute nicht mehr vorhanden ist, zur Burg zurückzukehren. Diese Mauer war mit mächtigen Quadern bekleidet und mit mancherlei Material antiker Monumente ausgefüllt, die sie auf ihrem kurzen, aber zerstörenden Laufe angetroffen hatte. Trümmer von Säulen, Architraven, Altären, Inschriftstafeln und Statuen waren dazu verwendet worden, während gewaltige Bauwerke wie die Stoa des Attalos so in die Mauer aufgenommen wurden, wie es in Rom mit der Pyramide des Caius Cestius geschehen ist.

Der Mauerzug überschritt sogar dort, wo er die Akropolis wieder erreichte, das Dionysostheater und scheint auch das Odeion der Regilla benutzt und sich dann an das Kastell des Westeinganges der Stadtburg angelehnt zu haben. Der geringe Umfang der bezeichneten Mauerlinie setzt aber ein Zusammenschrumpfen der Unterstadt Athen voraus, wie es für das Zeitalter Justinians nicht wohl annehmbar ist. Auch konnte die Pietät der Athener für ihre Altertümer noch nicht so tief gesunken sein, um die massenhafte Zerstörung derselben zum Zweck des Mauerbaues zu gestatten.

Ferdinand Gregorovius (s. S. 32, 65) war nicht nur ein geschätzter Historiker, er verfasste auch Romane und veröffentlichte im Jahr 1843 unter Pseudonym die gesellschaftskritische Satire *Konrad Siebenhorn's Höllenbriefe an seine lieben Freunde in Deutschland, herausgegeben von Ferdinand Fuchsmund.*

Theater von Epidauros

Die antike Stadt Epidauros lag gegenüber von Piräus auf der anderen Seite des Saronischen Golfs. Es gab hier ein berühmtes Asklepiosheiligtum und daher zog der Ort Kranke und Gebrechliche aus der ganzen griechischen Welt an, die hier dem Heilgott opfern wollten. Doch die größte Attraktion des Ortes war und ist auch heute noch das große Theater. Im 4. Jh. v. Chr. errichtet und Ende des 2. Jhs. umgebaut bot es schließlich bis zu 15.000 Zuschauern Platz. Noch heute ist der größte Teil des Zuschauerraums erhalten; von der Skene stehen dagegen (wie bei den meisten antiken Theatern) nur noch die Grundmauern. Seit 60 Jahren führt man hier auch wieder klassische griechische Dramen auf und freut sich über die grandiose Akustik – daran hätte sicherlich auch Goethe-Freund Leo von Klenze aus Bayern seine Freude gehabt, der den Ort in den 1830er-Jahren besuchte, als der Bayer Otto Friedrich

Ludwig von Wittelsbach König von Griechenland war. Wieso die Akustik so exzellent ist, wissen wir übrigens erst seit 2007, als eine Studie des Georgia Institute of Technology feststellte, dass die Sitzreihen aus Kalkstein so clever konstruiert sind, dass sie niedrige Frequenzen, wie das Gemurmel aus dem Publikum, herausfiltern. Was die Forscher nicht entscheiden konnten: Ist das nun höchste Handwerkskunst – oder aber ein kolossaler Zufall?

Aus: Leo von Klenze, *Aphoristische Bemerkungen gesammelt auf seiner Reise nach Griechenland* (1838)

Man unterscheidet nur noch mehrere griechische und römische Bauwerke, Bäder, Tempel und Säulengänge, und wie gesagt die Erdvertiefung des Stadiums. [...] Am besten erhalten ist aber das prächtige Theater des Polykleitos.

Obwohl die ganze Skene bis auf einige Trümmer der Mauern welche die Paraskenia bildeten und die Periakten trugen, verschwunden ist, so blieb doch das ganze in den Felsen gehauene und mit Marmor bekleidete Auditorium besser als an irgend einer andern Theaterruine in Griechenland erhalten. Der Durchmesser des äußersten Stufenkreises beträgt etwa dreihundert zwei und siebzig rheinische Fuß, und dieses Maaß muß durch das ganz verschwundene äußere Peristylion noch um etwa fünfundzwanzig Fuß vermehrt worden sein. Die ganze Höhe der

Koile, welche sieben und funfzig Stufenabsätze hatte, ist nur durch ein nach der ein und zwanzigsten Stufe von oben hinab angebrachtes Diazoma in zwei Abtheilungen getheilt [...]. Diese Stufen sind mit besonderer Kunst und Berücksichtigung für die Bequemlichkeit der Zuschauer angeordnet, unter denen an diesem Orte wohl die meisten krank und leidend sein mochten.

Die geringe Höhe der Stufensitze von nur vierzehn Zoll beweist, daß auch hier wie in Athen zur Erhöhung der Sitze und zur Bequemlichkeit der Zuschauer Kissen angewendet wurden, so wie denn auch ein Absatz in der sehr breiten oberen Sitzfläche auf den Gebrauch einer beweglichen Rücklehne zu deuten scheint, welche zugleich die Belästigung der Zuschauer auf einem Sitze durch die Füße der den nächstfolgenden einnehmenden verhinderte. Der letzte Sitz am Diazoma hat eine Rücklehne von Marmor.

Diese ganze Anordnung ist mit besonderer Sorgfalt gemacht, und es kommt ihr darin wohl kein anderes Theater in Griechenland gleich. Eben so ward dasselbe nach Pausanias Zeugnisse wohl von den römischen Theatern durch Pracht und von dem in Megalopolis durch Größe, aber von keinem anderen an Schönheit und Harmonie des Ganzen übertroffen.

Die Lage ist ebenfalls sehr malerisch und mußte es noch in weit höherem Grade sein, als die Zuschauer von ihren hohen Sitzen über und neben der Skene die mit den prächtigsten Gebäuden geschmückten Haine und Hügel des Heiligthums von den zackigen Felsengipfeln des hohen Arachnaion überragt erblickten. Die römischen Ruinen der antoninischen Bäder und Wasserbehälter haben sich sehr wohl erhalten, so wie man auch noch viele Ueberbleibsel der dazu gehörigen Wasserleitungen und Röhren sieht. Eben so hat sich der vortreffliche antike Mauerbewurf hier durch so viele Jahrhunderte an manchen Stellen vollkommen erhalten.

Leo von Klenze (1784–1864)
war ein deutscher Schriftsteller und Maler; außerdem war er als Architekt ein wichtiger Vertreter des Klassizismus. In seinen Gemälden hat er zahlreiche antike Gebäude festgehalten. Er war mit Goethe befreundet und Hofarchitekt Ludwigs I. von Bayern.

Palast von Knossos

Kreta

Der Palast von Knossos bei Heraklion ist vor allem ein Ort der Mythen: Labyrinth und Minotaurus, Theseus und Ariadne, Dädalus und Ikarus – Knossos war eine wahre Metropole ihrer Zeit und beherbergte im 16. Jh. v. Chr. nach Schätzungen bis zu 100.000 Einwohner. Heute ist die Stadt Knossos geradezu synonym mit ihrem Palast, dem Sitz des mythischen Königs Minos (nach dem die ganze Epoche „minoisch" heißt). Von ca. 2000 bis 1400 v. Chr. war der Palast bewohnt. Im 17. Jh. v. Chr. wurde ein erstes Gebäude durch ein Erdbeben zerstört; der an seiner Stelle bis zum 15. Jh. v. Chr. errichtete Palast war für die damalige Zeit von geradezu gigantischen Ausmaßen: Er maß 22.000 m².

Heute nimmt man an, der Mythos vom Labyrinth stamme daher, dass es schwierig war, sich in den Gängen des verschachtelten Baus und seinen über 1.000 Zimmern zurechtzufinden. Wohl im Laufe des 14. Jhs. v. Chr. wurde der Palast erneut zerstört, durch Erdbeben, Flutwelle und Feuer. Diesmal wurde er nicht wieder aufgebaut; die minoische Kultur ging ihrem Ende entgegen. 1900–1914 grub der britische Archäologe Arthur Evans den Palast von Knossos aus. Der Fund war bis zur Entdeckung Tutanchamuns die größte archäologische Sensation. Höchst umstritten sind heute jedoch die Rekonstruktionsarbeiten, die Evans an Ort und Stelle vornehmen ließ: Die imposanten bunten Säulen, die Oberge-schosse der freigelegten Räume u. v. m. sind nämlich nichts weiter als frei interpretierte Nachbauten aus Beton. So hat Evans buchstäblich seine Interpretation des Ausgegrabenen zementiert.

Aus: Theodor Däubler,
Die Göttin mit der Fackel (1931)

Kriegsrat an Bord, dachte Charlotte. Und: er ist doch ein reizender Kerl!
„Also", so fuhr Coccumella fort, „also, meine Herrschaften, die Gesellschaft gibt mir Befehl, nicht direkt nach Athen zu fahren, sondern einen Umweg über die Insel Kreta zu machen. Es befindet sich dort, im Hafen von Kandia, eine größere Ladung von Korinthen, die mit größter Eile nach dem Piräus gebracht werden soll. Die Gesellschaft will auf diese Einnahme nicht verzichten." [...]
„Hätten wir wohl Zeit, etwas von Kreta zu sehn, Herr Kapitän?" fragte Hammer.
Der Kapitän erklärte, daß man wohl für vierundzwanzig Stunden Ladearbeit haben würde.
„Zu kurz", sagte Charlotte. „Zu kurz, Herr Doktor! Was kann man in vierund-zwanzig Stunden sehn?"
„Gar nicht so wenig, Charlotte", erwiderte der Archäologe. „Zunächst einmal das Museum. Du weißt, daß es die wertvollsten Stücke der minoischen Kunst enthält. Wir hätten so Gelegenheit, bevor wir mit dem Studium des eigentlichen Grie-chenland beginnen, die Ursprünge der griechischen Kultur kennenzulernen. Und dann Knossos! Das Labyrinth, der Palast! Du hast gesehn, daß ich aus Zeitmangel Kreta nicht in unsern Reiseplan aufnehmen konnte. Wir hätten auf diese Weise

die Möglichkeit, wenigstens im Vorbeifahren einen Eindruck davon zu erhaschen."

Gewiß, auch Charlotte hatte die größte Lust, diesen Umweg zu machen. Sie liebte ihr Schiff und das Leben auf See. Sie wünschte sich die unerwartete Fahrt um den Peloponnes, hinaus ins weite Meer, nach der berühmten Insel. Aber da saß neben ihr Durkley und wurde blasser und blasser. Es kam ihr sogar vor, als ob er sie mit seinen großen, erschrockenen Augen hilfeflehend ansähe. Und so beschloß sie denn auch weiter, für die Ausschiffung in Patras einzutreten.

Doch ihre Argumente waren schwach: es bestand keinerlei Notwendigkeit, daß Schotts so eilig die griechische Hauptstadt erreichten. Und Hammer beharrte auf seinem Standpunkt. [...]

„Ich wundere mich, Charlotte", sagte er, „daß du diese günstige Gelegenheit vorübergehen lassen willst. Wir kommen auch Dienstag noch zeitig genug nach Athen. Die Akropolis hat zweieinhalb Jahrtausende auf dich gewartet – sie wird auch noch weitere drei oder vier Tage warten können."

„Das bedeutet immerhin nicht, daß ich warten kann", erwiderte Charlotte. [...]

Was wird Durkley tun? dachte Charlotte. Was wird der arme Durkley tun? Sie erinnerte sich einiger Sätze, die sie vorhin in seinem Tagebuche gelesen: „Szenen machen", „schwimmend das Land erreichen", „wahnsinnig werden". Nein, dachte Charlotte, er hält es nicht aus! Er fährt direkt nach Athen. Und – wer weiß, was dann wird und wo wir ihn wiedersehn?

Jedenfalls wagte sie nicht, den Engländer nach seinen Plänen zu fragen. Statt dessen wandte sie sich an Giorgini.

„Und Sie, Hauptmann?"

Giorgini verneigte sich erst vor Maja, dann vor Hammer und erwiderte:

„Ich werde nicht versäumen, eine so interessante Reise in so angenehmer und so gelehrter Gesellschaft zu tun!"

„Und ich", fügte Durkley mit verkniffenen Lippen und äußerster Anstrengung hinzu, „auch ich – wünsche mir schon seit langem, Kreta zu sehn."

„Politisch ganz uninteressant", brummte Hammer.

„Nicht ganz", erwiderte der Engländer, indem er plötzlich entschlossen seine Schüchternheit überwand. „Und einmal sogar sehr interessant gewesen, Herr Doktor. Zur Venezianerzeit. Kennen Sie die diplomatischen Berichte der venezianischen Gouverneure von Kreta an die Serenissima?"

Hammer schwieg.

„Muster guter Diplomatie, Herr Doktor. Es würde mich sehr interessieren, das Land kennenzulernen, das diese klugen Leute verwalteten!"

„Und dann wird uns Doktor Hammer alles so gut zeigen!" sagte Charlotte, nun plötzlich

Theodor Däubler (1876–1934) war ein deutscher Schriftsteller und Kunstkritiker. Literarisch stand er zeitweilig dem Expressionismus nahe. Anfang der 1920er bereiste er u.a. Griechenland, Ägypten und Palästina; seine Reiseberichte wurden von diversen deutschen Zeitungen veröffentlicht.

fröhlich geworden. „Nicht wahr, Herr Doktor? Das Museum und Knossos und –"

Hammer sah seine Schülerin mit einem wohlgefälligen und ein ganz klein wenig sieghaften Lächeln an.

„Ich dachte mir doch", sagte er, „daß dir das alles sehr viel Freude machen würde."

Zeustempel

Olympia

Heute mag man vor allem an die Olympischen Spiele denken, wenn man den Namen „Olympia" hört. Doch war Olympia, im Westen der Peloponnes gelegen und über 100 Jahre lang Austragungsort der nach ihr benannten Spiele, vor allem eine heilige Stätte: Hier befand sich das wichtigste Heiligtum des olympischen Zeus in Griechenland; zu seinen Ehren traten die Sportler an und in seinem Tempel schworen sie, sich den Regeln entsprechend zu verhalten. Dieser klassische Zeustempel war 64 x 28 m groß. Erbaut wurde er in der ersten Hälfte des 5. Jhs. v. Chr.; heute sieht man nur mehr Trümmer an Ort und Stelle (wie auch Rudolf Stratz es in seinem Roman schön plastisch beschreibt). Seine größte Besonderheit aber war eine Kolossalstatue des Zeus, die sich im Innenraum des Tempels befand – ein Werk des schon damals legendären Bildhauers Phidias, der u.a. die berühmte Athena-Statue im Athener Parthenon schuf und auch bei der Gestaltung des Parthenonfrieses eine Rolle spielte. Sein Meisterwerk aber war zweifellos die Statue des Zeus in Olympia: 12 m hoch und ganz aus Gold und Elfenbein gefertigt. Sie ist das einzige bildhauerische Werk unter den sieben Weltwundern – und natürlich heute verloren.

Aus: Rudolf Stratz,
Die thörichte Jungfrau (1901)

Wolkenloses Blau dehnte sich über den kahlen, in der Ferne rosig schimmernden Höhen, den bebuschten Tälern, den weithin gewundenen Flußspiegeln von Elis. Zwischen den saftig grünen Fluren im Grunde lag wie gestern tief eingebettet die graue Spielzeugschachtel von Olympia mit ihren umgestürzten Säulenreihen, ihren verwitternden Tuffsteinquadern und durcheinander geworfenen Marmorblöcken, und darüber hob der heilige Hügel und die Wiege des Zeus, der Kronion, düster sein von Gestrüpp und Kieferwirrwarr gesträubtes Haupt. – Neuer Tag, neues Leben, neues Licht war überall. Eine Faust pochte an der Thüre. „Seid ihr schon wach?" fragte der Baß des Meisters Josephus. „Ich halt's in dem Hotel nicht mehr aus, ich will ins Freie! Kommt ihr mit?" [...]

Sie gingen langsam in dem taufrischen Morgen den Weg nach Arkadien dahin, einen wüsten, vielverschlungenen Reitpfad am Ufer des Alpheios. Rebenpflanzungen säumten ihn zu beiden Seiten ein, mit stumpfsinnigen, geplagten Winzern und wütenden Kötern. Durch die Furt schob sich klingelnd ein Trupp bis zum Bauch im Wasser stolpernder Maultiere, die Reiter daneben nur noch mit Kopf und Schultern aus den Fluten tauchend, sonst kein Leben auf den im Kreise kahl aufgetürmten, von der Sonne verbrannten Steinhalden als eine Herde halbwilder, das letzte Grün aus dem Boden weidender Ziegen, spärliche Hütten zwischen wucherndem Buschwerk und da und dort im Thal – das Ganze eine Öde, ein Schweigen, eine Schwermut trotz des glühendblauen, alles in seinem Feuer verklärenden Augusthimmels.

„Wißt ihr, woran ich denken muß?" sagte Meister Josephus. „Vor Jahren ... an ein Bild im bayerischen Hochland. Da kam ich auf einer Fußwanderung an einen Bauernhof hoch oben. Da war eben die Tochter des Bauern gestorben. Ganz still und weiß hat sie im offenen Sarg vor dem Elternhaus gelegen, mitten in dem schönen Sommermorgen. Alles ringsum hat gelacht und gelebt – der rote Mohn am Weg und die Goldkäfer darunter und die Schmetterlinge in der Luft – bloß das arme Dirndl – das hat mit geschlossenen Augen da geruht, als ob es träumte, und nichts mehr von der Pracht gesehen, und dem weißen Schnee in der Ferne und dem blauen Himmel. Und dann sind Männer gekommen – vierschrötige, dumme Kerle – und haben den Sarg zugenagelt und fortgeschleppt – ins Thal hinunter – in die Nacht! Unter die Erde!"

„Aber wieso erinnerst du dich gerade jetzt daran?"

„Sind hier nicht auch solche schwarzen Männer gekommen, törichtes Lottchen? Wenn du nicht immer in der Töchterschule sitzen geblieben wärest, wüßtest du's! Die Männer haben mein Griechenland in einen Sarg gelegt und dazu mit Glocken geläutet! Da war es aus. Da haben sich auch die alten Griechen hingelegt und sind lieber gestorben, wie die Sünde in die Welt kam! So wie's jetzt bei uns zwischen Mann und Weib ist! Ein Schuldbewußtsein – warum, das weiß kein Mensch – ein Getuschel in allen finstern Ecken. Eine dumme Fastenzeit der Liebe. Das verstehst du natürlich nicht, Lotte! Denn du kannst überhaupt nicht lieben, sondern bist eine kalte, kleine Schlange, tief, tief im Wald, mit Madonnenaugen und einem Krönchen auf dem Kopf.... Ja – schaue nur so rosig und dumm in den Sommermorgen hinein und beiße dir auf die Lippen, um nicht zu lachen! Ich kenne dich doch!"

Lotte ging einige Schritte voraus, pfiff unbekümmert und warf nach rechts und links Steine auf die herbeirasenden Hirtenköter.

Meister Siegfried schüttelte wehmütig das blonde Haupt. „Ja – die törichte Jungfrau ... die hat recht. Von ihrem Standpunkt. Die läuft wie ein Schusterbub durch die Welt und pfeift auf Hellas. Aber ich..."

Lotte drehte sich um. „Sei doch vergnügt, Meister!" rief sie. „Freu' dich, daß du das Leben hast. Einmal werden wir alle begraben!"

„Ach, sei still, du kleiner Gassenjunge!" sagte der Bildhauer wehmütig. „Ihr mögt euch freuen. Über euer Leben! Weil ihr blinde Maulwürfe seid, ihr Lottchen! Aber ich nicht! Ich bin kein Frauenzimmer! Gott sei Dank! Ich bin der letzte Grieche!" [...]

Die drei kehrten um und gingen, dem ferne in der Violettfärbung des Horizonts blauenden Arkadien den Rücken drehend, den Weg nach Hause.

Meister Josephus sah seine Begleiterin stirnrunzelnd an. „Sind Sie krank?" forschte er. „Sie werden immer blasser!"

Sie verneinte stumm. Sie wollte ihm und sich nicht Angst machen. Er schaute, schon wieder beruhigt, von ihr weg nach der Trümmerstätte von Olympia und ballte die Faust.

„Da stelzt solch ein schwarzer Reverend herum!" brummte er. „Mitten im Zeustempel steht er – ich glaube sogar, auf einem Bein, wie ein Reiher! Wenn man nur auf diese Totenvögel knallen könnte! – Kinder ... ich bin zwei Jahrtausende zu spät auf die Welt gekommen. Ich hätte hier der Aspasia den Spinnrocken halten müssen und mit dem Perikles Brüderschaft trinken – aber jetzt ..."

Er wurde ganz traurig. Lotte hinter ihm lachte, während sie, die jeden Augenblick mit etwas Neuem spielen mußte, eine Orange auseinanderriß und die Schnitten auszusaugen begann. „Jetzt macht er wieder seine majestätische Miene! Wie ein Löwe im Käfig, wie ein feierlicher, gelangweilter Lord! Die Griechen nennen doch jeden Fremden einen Lordós! Zu dumm – nicht? Aber wenn man so einen großkarierten Anzug trägt und solch einen Vollbart ... Es ist etwas Wahres darin. Du hast wirklich so etwas Vornehmes an dir ..."

Rudolf Stratz (1864–1936) war ein deutscher Schriftsteller, der an die hundert Romane, Theaterstücke und Novellen schrieb. Am erfolgreichsten war der studierte Historiker mit seinen Romanen, die sich zum Teil hunderttausendfach verkauften. Heute ist er kaum noch bekannt.

Die der Sonnen gewidmete Wunder-Statua,
Colossus zu Rhodis, welche unter dem Carischen Fürsten —
Theagones ungefehr im Jahr der Welt 3600. durch Charem —
Lyndium von 70 Ellen höhe aus Ertz gegossen und aufgerichtet.
Plin: L.2. c: 62 et L.34 c.7. Strab: L.12.

G. B. F. v. E. Delin:

Le merveilleux Colosse de Rhodes dedié
au Soleil, qui fût jetté en bronze par Care Lyndien,
Sous le gouvernement de Theagone Prince de Carie,
environ l'an du monde 3600 Il avoit 70. aünes de haut.
Plin:L.2. cap. 62. et L.34 c.7. Strab. L.12.

Cum Priv. Sac: Cæs: M:tis.

Koloss von Rhodos

Wie genau er aussah, wissen wir nicht. Dass der sagenumwobene Koloss von Rhodos, ein weiteres der sieben Weltwunder, jahrhundertlang als breitbeinige Riesenstatue dargestellt worden ist, zwischen deren Füßen die Schiffe in den Hafen von Rhodos fuhren, geht höchstwahrscheinlich auf die Fantasie einzelner Künstler zurück. Aber groß war er, vielleicht sogar 35 m, wie die antike Literatur es postuliert. 292 v. Chr. wurde die Bronzestatue des Sonnengottes Helios aufgestellt, nachdem eine Belagerung der Stadt Rhodos durch den Makedonen Demetrios I. erfolgreich überstanden war. Wirklich schade, dass das monumentale Werk bereits 66 Jahre später, im Jahr 226 v. Chr., durch ein Erdbeben zerstört wurde oder zumindest umfiel. Wenn es stimmt, dass man noch mehrere hundert Jahre danach die umgestürzte Statue besichtigen konnte, dann spricht das eher gegen den Hafeneingang als Aufstellungsort (denn wer hätte eine solch riesige Bronzestatue aus dem Hafenbecken geborgen?). Im 1. Jh. n. Chr. beschreibt Plinius noch einen Besuch der umgefallenen Statue (s. S. 12); Julius Stindes fiktive Frau Buchholz hat da bei ihrer Reise in den Orient 1888 weniger Glück – zu ihrer Zeit ist vom Koloss nichts mehr übrig und sie muss sich auf die Worte der „Gelehrten" Meyer und Baedeker verlassen.

Aus: Julius Stinde,
Frau Buchholz im Orient (1888)

Mr. Pott sagte, das Haus, worin Salz gekocht würde, stände da hinten ganz gut, wir wollten es ruhig stehen lassen. Da jedoch die Engländer das Regiment auf Seipres führten, vermutete er, daß in der Stadt englisches Ale und Stiltonkäse zu haben seien, denn überall, wo Engländer sich niederließen, sorgten sie für ihre gewohnten Bedürfnisse. Und so war es auch. In einer sauberen Schenke am Hafen gab es Ale vom Faß, köstliches Weißbrot, durchen englischen Käse und süßen Cyperwein. Am Ausbaldowern von Annehmlichkeiten war Mr. Pott einfach groß.
Wir gingen auf die Post, kauften Cyprische Briefmarken, schrieben Postkarten nach Hause und waren wohlgemuth wie auf einer Landparthie. Das Mythologische war ein Irrthum aus des Leutnants Schulzeiten, weil sein Gymnasialdirektor Seipres, ebenso wie Zwilchhammer Alles, nur aus den Büchern kannte.

Gegen Abend dampfte die Vesta weiter. In dem Rauchsalon wurde ein kleiner Mittelmeerskat angelegt, dann sahen wir noch eine Weile dem Meeresleuchten zu, wie es im Kielwasser funkelte und blitzte, und wie die Schraube mitunter weißliches Glimmfeuer aufwarf, gingen in die Baba und hielten am nächsten Morgen vor Rhodos. Hier wurden nur die Post und etliche Deckpassagiere eingenommen. Händler kamen mit zierlichen Holzarbeiten, Früchten, Honig und auch mit Alraunen. Das sind rübenartige Wurzeln, die wie vermickerte Zwerge aussehen, und in früheren Zeiten zum Hexen gebraucht wurden. Wer ein Alraunchen hatte, bei dem bekam das Geld Junge. Heute ist man aufgeklärter und geht an die Börse.

Die Stadt Rhodos mit ihren mittelalterlichen Befestigungen, Mauern, Thürmen, Minarehs und Windmühlen erhebt sich terrassenförmig und erscheint, wie in einen großen Garten hineingebaut. In alter Zeit soll der Koloß am Hafen gestanden haben, eine Leucht-Bronzefigur, zwischen deren Beinen große Schiffe hindurchfuhren, aber die Gelehrten sind darüber uneinig, denn Meyer hat ihn in seinem Reisehandbuch und Bädeker nicht.

Von Rhodos fuhren wir durch das Aegäische Meer an vielen Inseln vorbei und an der syrischen Küste. Unaufhörlich ändern sich die landschaftlichen Bilder. Schroffe Felseneilande, kahle Höhenzüge, einzelne Häuser, in denen wahrscheinlich Salz gekocht wird, wechseln mit grünenden Thälern ab, bebauten Strecken und anmuthig gelegenen Ortschaften. Wenn auch der Himmel zeitweilig mit Regenwolken drohte, war der Aufenthalt auf dem Deck dennoch zaubervoll.

Leider wird man nicht immer aus den Inseln klug, und wohl erst spätere Reisende erleben es, daß Thomas Cook & Son sie einzeln nummeriren. Interessant war uns besonders Samos, wo der König auf seines Daches Zinnen stand und den Ring ins Meere warf. Von dem Palast ist nichts mehr übrig, denn in der Weltgeschichte geht es so zu, daß Einige aufbauen und dann Andere kommen und es umstoßen. Durch den Dichter aber erfährt jedes Kind, was einst gewesen, und behält es, weil es schön ist.

Julius Stinde (1841–1905) war ein deutscher Schriftsteller. Am bekanntesten waren seine satirisch-humorvollen Romane über die Abenteuer der Berliner Familie Buchholz, veröffentlicht unter dem Pseudonym Wilhelmine Buchholz. *Frau Buchholz im Orient* erreichte mindestens 38 Auflagen.

Heraion

Samos

Nur noch eine einzige Säule ragt heute in den Himmel und erinnert an die Pracht des drittgrößten griechischen Tempels, der so bemerkenswert war, dass er laut Herodot sogar die Pyramiden architektonisch in den Schatten stellte: das Heraion, der Heratempel, auf der Insel Samos. Bereits in den 570er-Jahren v. Chr. entstand hier, an der Südostküste von Samos, ein monumentaler Tempelbau für Hera, die Ehefrau des Zeus. Samos war der wichtigste Kultort der Göttin: Dem Mythos zufolge war sie hier geboren worden und einmal im Jahr kam es nach populärem Glauben auf Samos zum *hieros gamos* („heilige Hochzeit") der obersten olympischen Götter, Hera und Zeus, nach welchem Hera ihre Jungfräulichkeit wiedergegeben wurde. Kein passenderer Ort also für einen Heratempel als die Insel, die heute vor allem für ihren Wein bekannt ist, damals aber eine der reichsten der Ägäis war. Um 530 v. Chr. entstand ein Neubau der doppelten Kalkstein-Säulenreihe (vielleicht nach Beschädigungen), in Auftrag gegeben durch den Tyrannen der Insel, Polykrates, der sich so verewigen wollte. Abgeschlossen waren die Arbeiten jedoch erst über 20 Jahre nach seiner Herrschaft, um 500 v. Chr. Die Säulen der inneren Reihe besaßen immerhin Bauteile aus Marmor, die äußeren waren nun ganz aus Marmor gefertigt. So groß wie ein Fußballfeld, etwa 105 x 55 m, war der Tempel; seine Säulen maßen über 20 m. Kein Wunder, dass man später in der Antike den Bau des Tempels gerne auf mythische Helden zurückführte, wie wir Pausanias entnehmen können.

Aus: Pausanias, *Beschreibung Griechenlands* (ca. 160 n. Chr.)

Den Tempel der Hera auf Samos haben angeblich die Argonauten errichtet; die Statue, die im Tempel steht, sollen sie aus Argos mitgebracht haben. Die Einwohner von Samos behaupten, die Göttin sei auf ihrer Insel geboren worden, am Fluss Imbrasos, unter eben jener

Weide, die heute noch im Heraion zu finden ist. Dass dieser Tempel übrigens einer der ältesten überhaupt ist, das kann man vor allem daran erkennen, dass die Statue darin von Smilis aus Ägina geschaffen wurde, dem Sohn des Eukleidos. Dieser Smilis war ein Zeitgenosse von Daidalos, er ist aber nicht so bekannt wie jener. Denn Daidalos entstammte dem Königsgeschlecht des Metion in Athen und ist nicht nur durch seine Kunstfertigkeit weltbekannt geworden, sondern auch durch seine Irrfahrten und seine anderen Abenteuer. Nachdem er den Sohn seiner Schwester getötet hatte, floh er (denn er kannte die Gesetze seiner Heimat) nach Kreta zu Minos und fertigte für ihn und seine Töchter Kunstwerke an (das merkt auch Homer in der Ilias an). Als Minos ihn jedoch eines Verbrechens wegen verurteilte und zusammen mit seinem Sohn ins Gefängnis warf, floh er von Kreta und ging in die Stadt Inykos auf Sizilien, zu Kokalos; dadurch entstand ein Krieg zwischen Sizilien und Kreta, denn Kokalos lieferte Daidalos – entgegen Minos' Wünschen – nicht aus. Kokalos' Töchter bewunderten ihn als Künstler so sehr, dass sie beschlossen, Daidalos zuliebe Minos zu töten. So also ist der Name des Daidalos auf ganz Sizilien und in einem Großteil Italiens bekannt geworden. Smilis aber ist, soweit bekannt, nur nach Samos und Elis gekommen und in kein anderes Land gereist; aber dahin kam er, und er konstruierte die Statue der Hera auf Samos.

Heinrich Schliemann, der Entdecker Mykenes und Trojas, bezeichnet den Geographen Pausanias (s. S. 86, 119) in seiner *Selbstbiographie* scherzhaft als den „antike[n] Baedeker Griechenlands".

Jetzt war man also glücklich im schwarzen Meere. Die Fahrt ging nun östlich, immer an der Nordküste von Kleinasien hin, wo Ihr sie aus der Karte deutlich verfolgen könnt. Ein günstiger Wind trieb das Schiff nun rasch zum Ziele, und es würde noch rascher geschehen sein, wenn man sich nicht aus Unkunde der Schifffahrt nahe an dem Ufer hätte halten müssen.

Aus: Karl Friedrich Becker,
Erzählungen aus der alten Welt für die Jugend (1803)

Grabmal des Mausolos

Bodrum

Der heute so geläufige Begriff „Mausoleum" für eine aufwendige Grabstätte geht auf Mausolos von Halikarnassos zurück, einen persischen Statthalter in Karien, dessen Grabstätte so gewaltig war, dass sie zu den sieben Weltwundern zählte. In der ersten Hälfte des 4. Jhs. v. Chr. wurde der kolossale Bau errichtet, allerdings wohl noch vor dem Tod von Mausolos 353 v. Chr. begonnen – die beim Geographen Strabon überlieferte Geschichte, seine trauernde Frau habe das Grabmal für ihn in Auftrag gegeben, stimmt so also nicht. Der Bau selbst maß 38 x 32 m und war an die 45 m hoch. Über einem hoch aufragenden Fundament thronte ein von Säulen umgebener Innenbau, zwischen diesen Säulen waren Statuen aufgestellt, unterhalb der Basen befand sich ein kunstvolles Relief mit verschiedenen mythischen Szenen. Eine 7 m hohe Stufenpyramide schloss das Bauwerk ab, an deren Spitze noch eine Quadriga aus Marmor thronte – mit Mausolos als Wagenlenker, die Göttin Artemis an seiner Seite. Das Mausolos-Grabmal war nicht nur eines der aufwendigsten und imposantesten Monumente der Antike, es hatte zudem eine äußerst lange Lebensdauer: Nach eher geringen Erdbebenschäden waren es die Kreuzritter, die im 15. Jh. Material zum Bau eigener Gebäude abschlugen; erst 1523 wurde der Bau, der noch in großen Teilen erhalten war, komplett abgetragen.

Aus: Strabon, *Geographie* (ca. 14 n. Chr.)

Halikarnassos, Sitz der Königsdynastien von Karien, wurde vormals Zephyra genannt. Hier befindet sich das Grab des Mausolos, eines der sieben Weltwunder; Artemisia errichtete es zu Ehren ihres Mannes. Und hier gibt es auch die Quelle Salmakis, die (aus welchem Grund, weiß ich nicht) den schlechten Ruf hat, dass diejenigen, die aus ihr trinken, verweichlichen. Man meint hier, dass die Verweichlichung der Menschen an der unterschiedlichen Luft und am Wasser liegt; aber diese sind nicht die Ursachen der Verweichlichung, sondern Reichtum und Unmäßigkeit. Es gibt in Halikarnassos auch eine Akropolis, vor der Stadt liegt die Insel Arkonnesos. Gegründet wurde sie unter anderem von Anthes und ein paar Troizenern. Unter Halikarnassos' Söhnen der Stadt waren der Historiker Herodot, den man später Thurios nannte, weil er mithalf, Thurioi zu kolonisieren, der Dichter Heraklit, Freund des Kallimachos, und in unserer Zeit der Historiker Dionysios.

Auch diese Stadt hatte das Pech, dass sie von Alexander mit Gewalt eingenommen wurde. Hekatomnos, der damals König der Karer war, hatte drei Söhne, Mausolos, Idrieus und Pixodaros, und zwei Töchter. Von diesen seinen Kindern heiratete Mausolos, der älteste Sohn, Artemisia, die älteste Tochter; und Hidrieus, der zweite Sohn, heiratete Ada, die andere Schwester. Mausolos bestieg den Thron, und als er, ohne Kinder gezeugt zu haben, starb, da hinterließ er das Königreich seiner Frau, die ihm das oben erwähnte Grabmal errichtete. Sie starb aus Kummer über seinen Tod, und Idrieus wurde König, der dann durch Krankheit starb, und ihm folgte seine Frau Ada.

Sie aber wurde von Pixodarus, dem letzten überlebenden Sohn des Hekatomnos, vertrieben. Da dieser sich mit den Persern gutstellte, nahm er einen Satrapen zur gemeinsamen Herrschaft mit hinzu. Nach dem Tod des Pixodaros wurde der Satrap Herrscher von Halikarnassos, und als Alexander nahte, wurde seine Stadt belagert. Seine Frau war Ada, die Tochter von Pixodaros und der Kappadokerin Aphneïs.

Sein etwa zwischen 20 und 7 v. Chr. entstandenes geographisches Werk hatte Strabon (s. S. 54) ursprünglich offenbar als Ergänzung zu seinem umfangreichen Geschichtswerk gedacht – das seinerseits eine Fortsetzung des historischen Werks des Polybios darstellte.

Ada jedoch, die Tochter des Hekatomnos, die Pixodaros aus der Stadt geworfen hatte, kam zu Alexander, vertraute sich ihm an und überzeugte ihn davon, sie wieder als Herrscherin einzusetzen; im Gegenzug versprach sie ihm ihre Unterstützung bei der Niederschlagung von Aufständen in anderen Teilen des Landes, denn die Personen, die dort die Macht inne hatten, waren mit ihr verwandt. Sie überantwortete ihm auch Alinda, wo sie sich selbst aufgehalten hatte. Alexander gewährte ihr ihre Bitte und rief sie zur Königin aus, nachdem er die Stadt eingenommen hatte – aber nicht die Akropolis, denn die war doppelt gesichert. Er überließ es Ada, die Akropolis zu belagern, und binnen kurzer Zeit nahm sie sie ein, nachdem die Belagerer sie mit all ihrer Wut und Verzweiflung angegriffen hatten.

Apollontempel

Didyma

An der Westküste Kleinasiens, 20 km von Milet entfernt, lag der Kultort Didyma. Hier gab es ein Orakel des Gottes Apollon, das ähnlich bedeutend war wie das berühmte Orakel von Delphi, und einen dazugehörigen monumentalen Tempel – größer als das Athener Olympieion (s. S. 87). Was den auch Didymaion genannten Tempel außerdem besonders macht: Er ist sehr gut erhalten. Das gesamte Fundament ist intakt und es stehen nicht nur drei komplette fast 20 m hohe Säulen vom äußeren Säulenring, sondern auch Teile der inneren Säulen und sogar große Stücke der Cella, was äußerst selten ist; etwa 109 x 51 m maß der Stylobat. Pausanias gibt an, der Tempel sei bereits um 1000 v. Chr. erbaut worden – archäologische Zeugnisse können das nicht bestätigen. Zwar lässt sich die Geschichte der Kultstätte Didyma bis ins 7. Jh. v. Chr. zurückverfolgen; der Bau des Tempels, von dem jetzt noch die Reste zu besichtigen sind, begann aber erst in hellenistischer Zeit im späten 4. Jh. v. Chr. Dieser war der Nachfolger eines zerstörten Baus aus dem 6. Jh. v. Chr. Über ein halbes Jahrtausend baute man fortan am neuen Apollontempel – ganz fertiggestellt wurde er jedoch nie.

Aus: Pausanias, *Beschreibung Griechenlands* (ca. 160 n. Chr.)

Die Milesier berichten, dass die ältesten Angaben über ihre Herkunft wie folgt lauten: Das Land, das von ihrem eingeborenen König Anax und Asterion, dem Sohn des Anax, regiert wurde, hieß zunächst Anaktoria. Doch eine Flotte von Kreta kam herbeigesegelt, um unter dem Oberbefehl von Miletos eine Kolonie einzurichten, und sowohl der Küstenstreifen als auch die Stadt wurden nach Miletos benannt. Miletos und seine Leute waren damals auf der Flucht vor dem kretischen König Minos, dem Sohn der Europa.

Dann vereinigten sich die Karer, die einen Teil von Asien besiedelten, mit den Kretern. Bald aber kamen die Ionier, töteten alle Männer von Milet, außer denen, die sich nach der Eroberung der Stadt durch Flucht retten konnten, und heirateten die Frauen und Töchter der Besiegten.

Das Grabmal des Neileus befindet sich unweit der Tore auf der linken Seite der Straße nach Didyma. Der Tempel des Apollo und sein Orakel in Didyma sind sehr alt, denn sie wurden noch vor dem Einfall der Ionier gegründet; noch älter indes ist der Kult der Artemis in Ephesos.

Dass **Pausanias** (s. S. 86, 111) die Orte, die er beschreibt, selbst besucht hat, ist für seine Zeit äußerst ungewöhnlich. Die Exkurse, die auf die Historie und auch Mythologie Bezug nehmen und das Werk auflockern, stammen freilich oft aus fremden Quellen.

Artemision

Ephesos

Von allen Tempeln des klassischen Altertums war er der größte; schon deshalb zählte er zu den sieben Weltwundern: das Artemision, der Tempel der Göttin Artemis in Ephesos. Zwei Vorgängerbauten sind auf dem Gelände lokalisiert worden, einer aus dem 8. und einer, der im 7. Jh. v. Chr. begonnen wurde – doch noch vor seiner Fertigstellung beschloss man den Bau eines weitaus größeren Tempels als zunächst beabsichtigt: Zur selben Zeit entstand nämlich auf Samos der gewaltige Heratempel (s. S. 109) und Ephesos wollte diesem in nichts nachstehen. Auch im Grundriss orientierte man sich am Heraion. Im 4. Jh. begann der Bau jedoch schon wieder von Neuem – ein Brandanschlag im Jahr 356 v. Chr. hatte den Tempel vernichtet; der Neubau dauerte 100 Jahre, aber am Ende entstand ein Tempel von sage und schreibe 115 x 55 m mit knapp 19 m hohen Säulen. Das Artemision war so berühmt, dass es die Stadt reich machte, durch Opfergaben und Tourismus. In der Apostelgeschichte lesen wir sogar von einem frühen Beispiel des Merchandising bzw. der Souvenirherstellung: Kleine Tempelnachbildungen aus Silber wurden dort verkauft. 263 n. Chr. zerstörten die Goten das Artemision, sein Fundament versank im Grundwasser. Selbst die Archäologen des 19. Jhs. brauchten eine ganze Weile, bis sie den Standort des einst größten Tempels Griechenlands lokalisiert hatten. Heute zeugt nur noch ein einsames nicht besonders fachmännisch wiederaufgerichtetes Exemplar der riesigen Säulen von dem Bau – und eine freie Fläche, die erahnen lässt, was die Menschen der Antike hier bestaunten.

Aus: Lukas,
Apostelgeschichte (ca. 70 n. Chr.)

Es entstand aber um jene Zeit ein nicht geringer Lärm betreffs des Weges. Denn ein Gewisser, mit Namen Demetrius, ein Silberschmied, der silberne Tempel der Artemis machte, verschaffte den Künstlern nicht geringen Erwerb; und nachdem er diese samt den Arbeitern derartiger

Dinge versammelt hatte, sprach er: Männer, ihr wisset, daß aus diesem Erwerb unser Wohlstand ist; und ihr sehet und höret, daß dieser Paulus nicht allein von Ephesus, sondern beinahe von ganz Asien eine große Volksmenge überredet und abgewandt hat, indem er sagt, daß das keine Götter seien, die mit Händen gemacht werden. Nicht allein aber ist für uns Gefahr, daß dieses Geschäft in Verachtung komme, sondern auch, daß der Tempel der großen Göttin Artemis für nichts geachtet und auch ihre herrliche Größe, welche ganz Asien und der Erdkreis verehrt, vernichtet werde.

Als sie aber das hörten und voll Wut wurden, schrieen sie und sagten: Groß ist die Artemis der Epheser! Und die ganze Stadt geriet in Verwirrung; und sie stürmten einmütig nach dem Theater, indem sie die Macedonier Gajus und Aristarchus, die Reisegefährten des Paulus, mit fortrissen. Als aber Paulus unter das Volk gehen wollte, ließen die Jünger es ihm nicht zu. Und auch etliche der Asiarchen, die seine Freunde waren, sandten zu ihm und baten ihn, sich nicht nach dem Theater zu begeben. Die einen nun schrieen dieses, die anderen jenes; denn die Versammlung war in Verwirrung, und die meisten wußten nicht, weshalb sie zusammengekommen waren. Sie zogen aber Alexander aus der Volksmenge hervor, indem die Juden ihn hervorstießen. Alexander aber winkte mit der Hand und wollte sich vor dem Volke verantworten.

Als sie aber erkannten, daß er ein Jude war, erhob sich eine Stimme aus aller Mund, und sie schrieen bei zwei Stunden: Groß ist die Artemis der Epheser!

Als aber der Stadtschreiber die Volksmenge beruhigt hatte, spricht er: Männer von Ephesus, welcher Mensch ist denn, der nicht wisse, daß die Stadt der Epheser eine Tempelpflegerin der großen Artemis und des vom Himmel gefallenen Bildes ist? Da nun dieses unwidersprechlich ist, so geziemt es euch, ruhig zu sein und nichts Übereiltes zu tun. Denn ihr habt diese Männer hergeführt, die weder Tempelräuber sind, noch eure Göttin lästern. Wenn nun Demetrius und die Künstler mit ihm wider jemand eine Sache haben, so werden Gerichtstage gehalten, und es sind Statthalter da; mögen sie einander verklagen. Wenn ihr aber wegen anderer Dinge ein Gesuch habt, so wird es in der gesetzlichen Versammlung erledigt werden. Denn wir sind auch in Gefahr, wegen heute des Aufruhrs angeklagt zu werden, indem es keine Ursache gibt, weswegen wir uns über diesen Auflauf werden verantworten können. Und als er dies gesagt hatte, entließ er die Versammlung.

Lukas (ca. 10–ca. 85 n. Chr.) ist einer der vier Evangelisten des Neuen Testaments. Seine *Apostelgeschichte* bietet viele genaue Beschreibungen und ist eine wichtige Quelle zur regionalen Geschichte. Manche Orte, die Lukas beschreibt, wurden erst durch die moderne Archäologie wiederentdeckt.

Theodosianische Mauer

Istanbul

Theodosius II. war 408–450 n. Chr. oströmischer Kaiser, der zweite Herrscher in Konstantinopel seit der Spaltung des Römischen Reichs 395 n. Chr. Sein größtes architektonisches Vermächtnis ist eine der wichtigsten und am besten konstruierten Verteidigungsanlagen der Militärgeschichte: die nach ihm benannte Theodosianische Mauer.

Knapp 20 km lang war der Mauergürtel, den er um Konstantinopel (Istanbul) herum errichten ließ. Bereits im Jahr 395 waren die Hunnen im Oströmischen Reich eingefallen und 410 eroberten die Goten Rom; vor allem diesen Barbaren, die eine imminente Bedrohung darstellten, galt die Errichtung der neuen Mauer, die eine frühere, nach Konstantin benannte ersetzte und in ihrer Funktionalität bei Weitem übertraf. Das war auch dringend notwendig, denn die Stadt war so sehr gewachsen, dass inzwischen ganze Viertel außerhalb des alten Mauerrings lagen. Die neue Anlage bestand aus einem Graben, einer 8 m hohen vorgelagerten Mauer und einer bis zu 12 m hohen und 5 m breiten Hauptmauer mit 57 Türmen. Von 412 bis 422 dauerte die Errichtung der Landmauern; ab 439 kamen Mauern zur Seeseite hinzu. Trotz vieler Versuche konnte dieses Meisterwerk der Wehrarchitektur erst 1.000 Jahre später, bei der endgültigen Eroberung Konstantinopels durch die Osmanen 1453, überwunden werden. Die Seemauern sind heute verschwunden, doch von den Landmauern sieht man noch zahlreiche Überreste. Zwischen dem Topkapipalast und der Yedikulefestung kann man heute noch mehrere Kilometer auf der Mauer spazieren gehen.

Aus: Edward Gibbon,
Verfall und Untergang des Römischen Reiches (1789)

Wie die Stadt gegenwärtig beschaffen ist, nehmen der Palast, und die Gärten des Seraglios, das östliche Vorgebirge, den ersten der sieben Hügel ein und bedecken ohngefähr ein hundert und fünfzig Acker englischen Maßes. Die Eifersucht und der Despotismus der Türken hat seinen Sitz auf der Grundlage eines griechischen Freystaates aufgeschlagen. Doch läßt sich vermuthen, daß die Byzantiner durch die Bequemlichkeit des Hafens gelockt wurden, ihre Wohnungen auf dieser Seite weiter auszubreiten, als heut zu Tage die Gränzen des Seraglios reichen. Die neuen von Konstantin ausgeführten Mauern erstreckten sich von dem Hafen bis zum Propontis, längst der größten Breite des Dreyecks in einer Entfernung von funfzehn Stadien von der alten Befestigung, und schlossen, nebst der Stadt Byzanz, fünfe von den sieben Bergen ein, die dem Blicke derjenigen, welche sich Konstantinopel nähern, in schöner Ordnung über einander emporzusteigen scheinen. Ohngefähr hundert Jahre nach dem Tode des Stifters von Konstantinopel, bedeckten die neuen Gebäude, die sich auf einer Seite gegen den Hafen hin, und auf der andern längst dem Propontis ausbreiteten, bereits die schmale Spitze des sechsten, und die breite Anhöhe des siebenten Berges. Die Nothwendigkeit, diese Vorstädte gegen die Einfalle der Barbaren zu schützen, veranlaßte den jungem Theodosius, seine Hauptstadt mit einer angemessenen und bleibenden Mauer zu umgeben. Von dem gegen Morgen gelegenen Vorgebirge bis zu dem goldnen Thore, betrug die äußerste Länge von Konstantinopel ohngefähr drey englische Meilen; der Umfang zwischen zehn und eilf Meilen, und die Fläche kann ohngefähr auf zwey tausend englische Meilen geschätzt werden. Es ist unmöglich die eiteln und leichtgläubigen Uebertreibungen der neuern Reisenden zu rechtfertigen, welche die Gränzen von Konstantinopel bisweilen über die nah gelegenen Dörfer der Europäischen, ja selbst der asiatischen Küste ausgedehnt haben. Aber die Vorstädte, Pera und Galata, wenn sie schon jenseit des Hafens liegen, verdienen doch als ein Theil der Stadt angesehn zu werden; und dieser Umstand kann vielleicht die Angabe eines byzantinischen Geschichtschreibers rechtfertigen, welcher sechzehn griechische (ohngefähr vierzehn römische) Meilen als den Umkreis seiner Geburtsstadt angiebt. Ein Umfang wie dieser kann allerdings eines kayserlichen Wohnsitzes nicht unwürdig scheinen. Dennoch muß Konstantinopel in dieser Rücksicht nicht nur Babylon und Theben, und dem alten Rom, sondern auch London, ja selbst Paris, nachstehen.

Edward Gibbon (1737–1794) war ein britischer Historiker. Sein zur Zeit der Aufklärung verfasstes sechsbändiges Hauptwerk *Verfall und Untergang des Römischen Reiches* war umstritten aufgrund seiner Kritik am Christentum. Er gilt als einer der Wegbereiter der modernen Geschichtsschreibung.

Die volle Mittagsbeleuchtung, in der wir die Tempel zuerst sahen und besahen, war ihrer Schönheit nicht günstig. So viel Licht von oben und rings herum, drückt das Beleuchtete herab und zusammen, und sie kamen mir weniger majestätisch in der Nähe als in der Ferne vor. Aber je tiefer die Sonne sank, um desto größer wurden sie.

Aus: Ida Hahn-Hahn, *Orientalische Briefe* (1843)

Jupitertempel
Baalbek

Schon seit 10.000 Jahren ist Baalbek im Libanon besiedelt. Die kulturelle Blüte der Stadt fand jedoch zweifellos im 2. Jh. n. Chr. unter den Römern statt, als die Stadt „Heliopolis" hieß (griech.: „Sonnenstadt") – eine direkte Übertragung der syrischen Wettergottheit Baal auf den griechischen Sonnengott Helios. Der Tempelbezirk von Heliopolis war eine der großflächigsten Kultstätten des Römischen Reichs und beinhaltete mehrere Gebäude, u.a. einen noch relativ gut erhaltenen Bacchustempel und einen Merkurtempel. Das wichtigste Heiligtum aber war natürlich dem Jupiter geweiht. Über 100 Jahre baute man an dem heiligen Bezirk, dessen zentrales Element der große Jupitertempel war. Auf seiner 86 x 45 m großen Grundfläche ragten 20 m hohe Säulen empor, von denen heute noch sechs Stück stehen. Was die Römer allerdings nicht fertigbrachten: Eigentlich sollte noch ein riesiges Podium für den Tempel entstehen; drei eigens dafür aus dem Fels gehauene Steine kann man heute noch bestaunen (wie ehemals Karl Mays Protagonist Kara Ben Nemsi). Sie sind 19 m lang und wiegen ganze 800 t pro Stück. Damit belegen sie Platz 3 der Weltrangliste der größten jemals transportierten Monolithen.

Aus: Karl May,
Von Bagdad nach Stambul (1892)

Als sich die Vorhöhen des Antilibanon, hinter denen wir ritten und welche uns immer wieder die Aussicht verdeckten, endlich öffneten, sahen wir das berühmte Thal von Baalbeck vor uns liegen. Die großartigen Massen dieser Ruinen nahmen einen weiten Flächenraum ein, und es gibt wohl kaum eine zweite Ruinenstadt, deren Überreste einen so gewaltigen Eindruck machen, wie diese Mauer- und Gebäudereste. Gleich beim Eintritte in das Trümmerfeld erblickten wir seitwärts einen Steinbruch, in welchem ein Kalksteinblock von riesenhafter Größe lag. Er hatte gegen dreißig Ellen Länge, sieben Ellen Breite und eine gleiche Dicke. Solche Blöcke bildeten das Material zu den Riesenbauten von Baalbeck. Ein einziger von ihnen hat ein Gewicht von sicher dreißigtausend Centnern. Wie konnten bei der Art der damaligen mechanischen und technischen Hülfsmittel solche Massen dirigirt und bewältigt werden? Das ist ein Räthsel.

Die hiesigen Tempelbauten waren einst dem Baal oder Moloch geweiht; diejenigen, deren Überreste heut noch vorhanden sind, haben ohne allen Zweifel einen römischen Ursprung. Man weiß ja, daß Antonius Pius dem Sonnengotte Zeus hier einen Tempel errichtet habe, der ein Weltwunder gewesen sei. Es scheint, als seien in dem größeren der beiden Tempel die syrischen Götter, in dem kleineren aber nur Baal-Jupiter verehrt worden.

Um diesen Tempel zu errichten, baute man zunächst ein Fundament, welches um fünfzehn Ellen die Erde überragte; darauf kamen drei Schichten jener Riesenblöcke, deren Gewicht soeben angegeben wurde, und dann erst auf ihnen ruhten die kolossalen Säulen, welche die mächtigen Architrave trugen. Die sechs übrig gebliebenen Säulen des einstigen Sonnentempels haben eine Höhe von siebenzig Fuß und am Piedestal einen Durchmesser von sechs Fuß. Der kleine Tempel war 800 Fuß lang und 400 Fuß breit und zählte vierzig Säulen.

Auch die Stadt Baalbeck an und für sich war im Alterthum bedeutend, da sie auf dem Wege von Palmyra nach Sidon lag. Abu Abeïda, der gegen die Christen von Damaskus so menschlich gesinnte Mitkämpe Chalid's, eroberte auch Baalbeck. Man machte aus der Akropolis eine Citadelle, und aus dem Materiale der zerstörten Tempel errichtete man Befestigungsmauern. Später kamen die Mongolen, dann die Tataren, und was diese übrig ließen, wurde im Jahre 1170 durch ein Erdbeben verwüstet. Was noch vorhanden ist, gewährt eine sehr schwache Idee von der einstigen Pracht und Herrlichkeit.

Karl May (1842–1912)
war ein deutscher Schriftsteller und ist vor allem als Schöpfer von *Winnetou* (1893) bekannt. Kaum ein deutscher Autor wurde öfter in andere Sprachen übersetzt als er. Seinen Protagonisten Kara Ben Nemsi lässt er in 28 Romanen als Ich-Erzähler durch den Orient reisen.

Hängende Gärten

Babylon

Die hängenden Gärten von Babylon sind heute nur noch anhand der Berichte antiker Schriftsteller zu rekonstruieren. Aus den alten Quellen erfahren wir u. a., dass die Gärten baulich mit dem Königspalast von Babylon zusammenhingen, dass sie aus verschiedenen Terrassen bestanden, die zusammen ein quadratisches Areal von etwa 14.000 m² bildeten, dass die höchste der Terrassen etwa 30 m hoch lag und dass die Gebäude darunter mit Ziegeln und Blei gegen durchsickerndes Wasser geschützt waren. Was genau in den Gärten angepflanzt war, wer Zutritt hatte und vieles mehr, verschließt sich unserer Kenntnis. Welch großen Eindruck diese „hängenden" (eigentlich wohl eher terrassenartigen) Gärten auf die Zeitgenossen machten, kann man jedoch schon dadurch ermessen, dass sie zu den sieben Weltwundern zählten. Doch ist es auch trotz der Quellen schwer, sie überhaupt zu datieren. Da der Historiker Herodot, der Babylon im 5. Jh. v. Chr. beschrieb, die Gärten gar nicht erwähnt, gibt es sogar Forscher, die ihre Existenz überhaupt anzweifeln. Zu ihrer rätselhaften Aura passt auch, dass sie erst in der neuzeitlichen Literatur einer mythischen Figur zugeschrieben wurden und fortan als „hängende Gärten der Semiramis" bekannt waren. In der Moderne wurden sie so geradezu zum Sinnbild des orientalischen Luxus und auch der Erotik, wie man bei dem Romantiker Ludwig Tieck sehr schön beobachten kann, bei dem obendrein noch eine (natürlich ganz anachronistische) Parallele zu den Geschichten aus 1001 Nacht gezogen wird.

Aus: Ludwig Tieck, *Des Lebens Überfluß* (1837)

Da es nicht mehr zu verschweigen war, öffnete er selber die Thür; sie traten auf den Vorplatz und, indem sie weitergingen und der Gatte die Frau noch immer umfaßt hielt, sah diese, daß keine Treppe mehr da war, die hinabführen sollte. Sie schlug verwundert in die Hände, bog sich hinüber und schaute hinab; dann kehrte sie um, und als sie wieder in der verschlossenen Stube waren, setzte sie sich nieder, um den Mann genau zu betrachten. Dieser hielt ihrem forschenden Auge ein so komisches Gesicht entgegen, daß sie in ein lautes Gelächter ausbrach. Hierauf ging sie nach dem Ofen, nahm eins der Hölzer in die Hände, betrachtete es genau von allen Seiten und sagte dann: ja, nun begreife ich freilich, warum die Heizstücke so ganz andre Statur hatten als die vorigen. Also die Treppe haben wir nun auch verbrannt!

Ja wol, antwortete Heinrich jetzt ruhig und gefaßt; da du es nun einmal weißt, wirst du es ganz vernünftig finden. Ich begreife auch nicht, warum ich es dir bisher verschwiegen habe. Sei man auch noch so sehr alle Vorurtheile los, so bleibt irgendwo doch noch ein Stückchen hangen und eine falsche Scham, die im Grunde kindisch ist! Denn erstlich warst du das Wesen in der Welt, das mir am vertrautesten ist; zweitens das einzige, denn mein Sechzehntel-Umgang mit der alten Christine ist nicht zu rechnen; drittens war der Winter immer noch hart und kein andres Holz aufzutreiben; viertens war die Schonung fast lächerlich, da das allerbeste, härteste, ausgetrocknete, brauchbarste dicht vor unsern

Füßen lag; fünftens brauchten wir die Treppe gar nicht und sechstens ist sie schon, bis auf wenige Reliquien, ganz verbrannt. Du glaubst aber nicht, wie schlecht sich diese alten, ausgebogenen, widerspenstigen Stufen sägen und zersplittern ließen. Sie haben mich so warm gemacht, daß mir die Stube oft nachher zu heiß dünkte.

Aber Christine? fragte sie.

O die ist ganz gesund, antwortete der Mann. Alle Morgen lasse ich ihr einen Strick hinunter, woran sie dann ihr Körbchen bindet; das zieh' ich herauf und nachher den Wasserkrug, und so geht unsre Haushaltung ganz ordentlich und friedlich. [...] Jetzt hast du das vollendete Werk angestaunt, mein herziges Kind, und siehst nun wol ein, daß wir uns zur Zeit noch mehr als sonst selbst genügen müssen. Denn wie möchte es doch eine Kaffeegesellschaft anfangen, mit ihren Nachrichten hier zu dir hinaufzudringen? Nein, ich bin dir, du bist mir genug; der Frühling kommt, du stellst deine Tulpe und Hyczinthe an das Fenster und wir sitzen hier,

> Wo uns die Gärten der Semiramis
> Auf zu den Wolken steigenden Terrassen,
> In bunter Sommerpracht entgegenlachen
> Mit dem Geplätscher ihrer spielenden Brunnen!
> Den langen Sommer durch soll dort auf uns
> Ein paradiesisch Liebesleben thau'n!
> Dort auf der höchsten der Terrassen will ich,
> Von dunkel glüh'nden Rosen überlaubt,
> An deiner Seite sitzen, uns zu Füßen
> Die heißbesonnten Dächer Babylons. –

Ich glaube, unser Freund Uechteritz hat das ganz eigen auf unsern Zustand hier gedichtet. Denn, sieh nur, dort sind die heißbesonnten Dächer, wenn nämlich erst die Sonne im Julius wieder scheinen wird, wie wir doch hoffen dürfen. Ist nun erst deine Tulpe und Hyacinthe in Blüte geraten, so haben wir hier wirklich und anschaulich die fabelhaften hängenden Gärten der Semiramis, und noch viel wunderbarer als jene; denn wer nicht Flügel hat, kann gar nicht hierher zu ihnen gelangen, wenn wir ihm nicht hülfreiche Hand bieten und etwa eine Strickleiter präparieren.

Wir leben eigentlich, erwiderte sie, ein Märchen, leben so wunderlich, wie es nur in der Tausend und Einen Nacht geschildert werden kann. Aber wie soll das in der Zukunft werden; denn diese sogenannte Zukunft rückt doch irgend einmal in unsre Gegenwart hinein.

Heinrich Heine spottet 1837 in einem Vorwort zu einer *Don-Quixote*-Ausgabe über Ludwig Tieck (s. S. 59): „Das deutsche Volk wollte auf immer Abschied nehmen von dem Mittelalter [...]. [Tieck] grub die toten Voreltern aus dem Grabe heraus, schaukelte ihren Sarg, als wär' es eine Wiege, und mit aberwitzig kindischem Lallen sang er dabei: ,Schlaf, Großväterchen, schlafe!'"

Ischtar-Tor
Berlin

In der ersten antiken Auflistung der sieben Weltwunder, vom Dichter Antipatros von Sidon verfasst, nennt der Autor nicht den später kanonisch gewordenen Leuchtturm von Alexandria (s. S. 166), sondern stattdessen die Stadtmauern von Babylon. Und anders als den Leuchtturm Pharos können wir ein kleines Stück dieser Mauern heute noch bewundern: im Vorderasiatischen Museum in Berlin, wo das Ischtar-Tor steht. Dieses Tor war das prachtvollste der Tore der babylonischen Stadtmauer. Es befand sich an der Nordseite der Stadt und wurde etwa 575 v. Chr. auf Geheiß des babylonischen Königs Nebukadnezar II. errichtet. Dass es heute in rekonstruierter Form in Berlin steht, hat die Stadt Robert Koldewey zu verdanken, einem der Väter der modernen Archäologie. 1899 entdeckte er im Irak die verschütteten Überreste Babylons; insgesamt 20 Jahre dauerte die Ausgrabung. Am Ende einigten sich die Berliner Museen, Koldeweys Dienstherr, mit den zuständigen Behörden, die zahllosen Fundstücke nach Berlin zu überführen. Jahrelange Rekonstruktionen mit Hilfe der in Kisten verpackten Einzelteile folgten, bis endlich im Jahr 1930 das Ischtar-Tor sowie ein Teil der Prachtstraße von Babylon fertig aufgebaut waren und den Besuchern zugänglich gemacht wurden. Der einzige Haken an der Sache: Obwohl man den geräumigsten Ort im Museum zur Aufstellung des Tors wählte, stellte er sich doch als zu niedrig heraus – und so musste man über dem Torbogen ein ganzes Stück fortlassen. Was wir heute sehen, ist also eine „gestutzte" Fassung. Atemberaubend ist sie dennoch.

Epigramm des Antipatros von Sidon (um 100 v. Chr.)

Ich habe die steinernen Mauern Babylons gesehen,
die man mit dem Wagen umfährt,
und auch den Zeus [von Olympia] am Ufer des Alpheios
und auch die hängenden Gärten [von Babylon]
und auch den kolossalen Helios [von Rhodos]
und auch die mühsam errichteten, steil aufragenden Pyramiden [von Gizeh]
und auch das ungeheure Grabmal des Mausolos [in Halikarnassos].
Aber als ich den Tempel der Artemis [in Ephesos] sah,
der bis in die Wolken ragt,
da ließ dieser alle die anderen in den Hintergrund treten,
und ich rief: „Schaut doch, abgesehen vom Olymp hat der Sonnengott
sein Licht sicherlich nie auf etwas Ähnliches strahlen lassen!"

Antipatros von Sidon (ca. 130–ca. 70 v. Chr.) war ein griechischer Dichter, der vor allem Epigramme verfasste. An die 70 Kurzgedichte sind von ihm in der Gedichtsammlung *Anthologia Palatina* überliefert, einer der wichtigsten Sammlungen griechischer Lyrik der hellenistischen Zeit.

Pergamonaltar
Berlin

E in echtes architektonisches Meisterwerk ist dieser Altar aus der
kleinasiatischen Stadt Pergamon – eines der wenigen Monumente,
zu deren Ausstellung eigens ein Museum gebaut wurde. Um 170 v. Chr.
ließ der pergamenische König Eumenes II. den über 35 m breiten Altar

errichten. Dann ging er im Lauf der Jahrtausende verloren, bis man ihn 1878–1886 wieder ausgrub, unter deutscher Leitung. In tausenden Fragmenten kam der Altarschmuck (dank geschickten Verhandlungen mit den türkischen Behörden) nach Berlin und wurde dort in jahrelanger, akribischer Arbeit zusammengesetzt. Dieser Schmuck bestand aus zwei großen Reliefs – eines zeigt die „Gigantomachie", den Kampf der olympischen Götter mit den Giganten, das andere den Telephos-Mythos, denn Pergamon führte seine Gründung auf den Herakles-Sohn Telephos zurück. Als der Pergamonaltar endlich der Öffentlichkeit zugänglich gemacht wurde, war es eine europaweite Sensation. Die Berliner waren und sind immer noch stolz auf den Altar und sicherlich zieht er im Pergamonmuseum mehr Besucher an, als er das in „freier Wildbahn" in Anatolien könnte. Auch Theodor Fontane kann sich einen Hinweis auf die archäologische Sensation nicht verkneifen; sein *Stechlin* erscheint in Buchform 1899, im Jahr der Eröffnung eines ersten, provisorischen Pergamonmuseums, dem später, nach über 20 Jahren Bauzeit, ein größeres folgte. Wer sich den Altar ansehen möchte, muss sich allerdings beeilen: 2014 wird das Museum für drei Jahre geschlossen, zur Renovierung.

Aus: Theodor Fontane, *Der Stechlin* (1897)

„Ich glaub' es nicht", sagte Dubslav.
„Meinen Sie, daß es ihm schließlich doch nicht ein rechter Ernst mit der Sache war?"
„O nein, nein. Es war ihm Ernst, ganz und gar. Aber es würd' ihm zu schwer gemacht worden sein. Rund heraus, er wäre gescheitert."
„Woran?"

„An seinen Freunden vielleicht, an seinen Feinden gewiß. Und das waren die Junker. Es heißt immer, das Junkertum sei keine Macht mehr, die Junker fräßen den Hohenzollern aus der Hand und die Dynastie züchte sie bloß, um sie für alle Fälle parat zu haben. Und das ist eine Zeitlang vielleicht auch richtig gewesen. Aber heut' ist es nicht mehr richtig, es ist heute grundfalsch. Das Junkertum (trotzdem es vorgibt, seine Strohdächer zu flicken, und sie gelegentlich vielleicht auch wirklich flickt), dies Junkertum – und ich bin inmitten aller Loyalität und Devotion doch stolz, dies sagen zu können – hat in dem Kampf dieser Jahre kolossal an Macht gewonnen, mehr als irgendeine andre Partei, die Sozialdemokratie kaum ausgeschlossen, und mitunter ist mir's, als stiegen die seligen Quitzows wieder aus dem Grabe herauf. Und wenn das geschieht, wenn unsre Leute sich auf das besinnen, worauf sie sich seit über vierhundert Jahren nicht mehr besonnen haben, so können wir was erleben. Es heißt immer: ‚unmöglich'. Ah bah, was ist unmöglich? Nichts ist unmöglich. Wer hätte vor dem 18. März den ‚8. März' für möglich gehalten, für möglich in diesem echten und rechten Philisternest Berlin! Es kommt eben alles mal an die Reihe; das darf nicht vergessen werden. Und die Armee! Nun ja. Wer wird etwas gegen die Armee sagen? Aber jeder glückliche General ist immer eine Gefahr! Und unter Umständen auch noch andre. Sehen Sie sich den alten Sachsenwalder an, unsren Zivil-Wallenstein. Aus dem hätte schließlich doch Gott weiß was werden können."

„Und Sie glauben", warf der Graf hier ein, „an dieser scharfen Quitzow-Ecke wäre Kaiser Friedrich gescheitert?"

„Ich glaub' es."

„Hm, es läßt sich hören. Und wenn so, so wär' es schließlich ein Glück, daß es nach den neunundneunzig Tagen anders kam und wir nicht vor diese Frage gestellt wurden."

„Ich habe mit meinem Woldemar, der einen stark liberalen Zug hat (ich kann es nicht loben und mag's nicht tadeln) oft über diese Sache gesprochen. Er war natürlich für Neuzeit, also für Experimente ... Nun hat er inzwischen das bessere Teil erwählt, und während wir hier sprechen, ist er schon über Trebbin hinaus. Sonderbar, ich bin nicht allzu viel gereist, aber immer, wenn ich an diesem märkischen Neste vorbeikam, hatt' ich das Gefühl: ‚Jetzt wird es besser, jetzt bist du frei.' Ich kann sagen, ich liebe die ganze Sandbüchse da herum, schon bloß aus diesem Grunde."

Der alte Graf lachte behaglich. „Und Trebbin wird sich von dieser Ihrer Schwärmerei nichts träumen lassen. Übrigens haben Sie recht. Jeder lebt zu Hause mehr oder weniger wie in einem Gefängnis und will weg. Und doch bin ich eigentlich gegen das Reisen überhaupt und speziell gegen die Hochzeitsreiserei. Wenn ich so Personen in ein Coupé nach Italien einsteigen sehe, kommt mir immer ein Dankgefühl, dieses ‚höchste Glück auf Erden' nicht mehr mitmachen zu müssen. Es ist doch eigentlich eine Qual, und die Welt wird auch wieder davon zurückkommen; über kurz oder lang wird man nur noch reisen, wie man in den Krieg zieht oder in einen Luftballon steigt, bloß von Berufs wegen. Aber nicht um des Vergnügens willen. Und wozu denn auch? Es hat keinen rechten Zweck mehr. In alten Zeiten ging der Prophet zum Berge, jetzt vollzieht sich das Wunder und der Berg kommt zu uns. Das Beste vom Parthenon sieht man in London und das Beste von Pergamum in Berlin, und wäre man nicht so nachsichtig mit den lieben, nie zahlenden Griechen verfahren, so könnte man sich (am Kupfergraben) im Laufe des Vormittags in Mykenä und nachmittags in Olympia ergehn."

„Ganz Ihrer Meinung, teuerster Graf. Aber doch zugleich auch ein wenig betrübt, Sie so dezidiert gegen alle Reiserei zu finden. Ich stand nämlich auf dem Punkte, Sie nach Stechlin hin einzuladen, in meine alte Kate, die meine guten Globsower unentwegt ein ‚Schloß' nennen."

„Ja, lieber Stechlin, Ihre ‚Kate', das ist was andres. Und um Ihnen ganz die Wahrheit zu sagen, wenn Sie mich nicht eingeladen hätten (eigentlich ist es ja noch nicht geschehn, aber ich greife bereits vor), so hätt' ich mich bei Ihnen angemeldet. Das war schon lange mein Plan."

Theodor Fontane (1819–1898)
war ein deutscher Schriftsteller. Sein vielfach verfilmter Roman *Effi Briest* ist eines der wichtigsten Werke des deutschen Realismus. Die Romanveröffentlichung seines letzten Werks, *Der Stechlin*, um ein brandenburgisches Adelsgeschlecht erlebte er nicht mehr.

Theater von Bosra

Die syrische Stadt Bosra war ein wichtiger Knotenpunkt der Handelsrouten vom Orient zum Mittelmeer. Die größte Sehenswürdigkeit der Stadt ist das römische Theater, das sich in geradezu spektakulärem Erhaltungszustand präsentiert. Es wurde im frühen 2. Jh. n. Chr. erbaut, nachdem Cornelius Palma, ein General des römischen Kaisers Traian, 106 n. Chr. das Nabatäerreich eroberte und die Stadt den Namen „Nova Traiana Bostra" erhielt. Das 102 m breite Theater fasste etwa 10.000 Zuschauer. Was es außergewöhnlich macht, ist, dass es nicht wie üblich an einem natürlichen Hang errichtet wurde, sondern auf einer gänzlich ebenen Fläche. Die Außenwand des Zuschauerraums mit seinen 35 Sitzreihen musste also komplett hochgemauert werden – umso erstaunlicher der gute Zustand, möchte man meinen. Doch ein Blick von außen verrät, dass das Theater später, ab dem 11. Jh., in eine Festung integriert wurde, mit Schießscharten, Türmen und Wehrgängen. Ein Übriges tat die Natur: Als man das Gebäude Mitte des 20. Jhs. zu restaurieren begann, war es zum großen Teil mit Sand bedeckt, unter dem die Bauteile gut konserviert wurden. Die Literatur des 19. Jhs. kennt das Theater bereits, allerdings nur die obersten Stufen; eine gezielte Ausgrabung konnte erst nach dem Zweiten Weltkrieg beginnen. Zuschauerraum und Skene sind fast vollständig intakt, nur wenig musste ersetzt und rekonstruiert werden, und seit 1970 sieht das Theater wieder beinahe aus wie neu.

Aus: Gustav Adolph von Klöden, *Handbuch der Länder- und Staatenkunde von Asien, Australien, Afrika und Amerika* (1862)

Die Umgegend von Damaskus ist überall angenehm, nach jeder Seite hin wandelt man durch prächtige Haine von Oel-, Nuß- und Feigenbäumen und folgt auf schönen Wiesen einem der zahllosen, von Trauerweiden beschatteten Arme des Barada. [...] Der Hauptort im Alterthume war Bosra (Bostra, das moabitische Bozrah, Nova Trajana Bostra), sehr alt, von Trajan zur Hauptstadt der neuen Provinz Arabien gemacht. Es ist Geburtsort des Kaisers Philipp (a. 244), wurde später Bischofssitz und Hauptstadt einer Kirchenprovinz, ist aber seit der Türkenherrschaft eine Ruine, die freilich von fern einen imposanten Eindruck macht mit ihrem großen Schloß, den Moscheen und Minarets, den bedeutenden Gebäuden und alten Wällen. 5 oder 6 Familien wohnen in dem weiten Trümmerwerke. Die rechtwinklig gezogene Mauer hat noch gut erhaltene Thore; da wo die beiden einander rechtwinklig durchkreuzenden großen Straßen sich schneiden, liegt ein Tempel, von dem noch einige Säulen stehen, ein Triumphbogen, fast unverletzt, die dem Chalifen Omar zugeschriebene große Moschee mit ihrem viereckigen Säulenhof, die Ruinen einer großen und einer kleinen Kirche; das massive, an das von Damaskus erinnernde Schloß, und dabei das Theater, dessen obere Stufen vollkommen erhalten sind, überragt von einer dorischen Kolonnade. Die Hauptstraße endet mit einem vollkommen erhaltenen römischen Thore.

Gustav Adolph von Klöden (1814–1885) war ein deutscher Geograph und bereiste mehrfach Griechenland und Italien. Als Lehrer der Geographie verfasste er mehrere Werke für den Schulgebrauch, die große Verbreitung fanden. Sein Hauptwerk war das ausführliche *Handbuch der Erdkunde*.

Tempel des Salomon

Jerusalem

Überreste gibt es nicht vom Tempel des Salomon, des dritten Königs von Israel. Zu Beginn des 6. Jhs. v. Chr. wurde er komplett zerstört, als der Babylonier Nebukadnezar II. Jerusalem eroberte. Alles, was wir über diesen ersten Jerusalemer Tempel wissen, stammt aus der Bibel, in der die Errichtung dieses Tempels und seine Bauweise im 1. Buch der Könige genau beschrieben werden. Über 150.000 Mann, heißt es dort, seien allein damit beschäftigt gewesen, das Baumaterial heranzuschaffen – eine geradezu fantastische Zahl natürlich, vor allem wenn man die Maße des Tempels bedenkt, der gegenüber den großen griechischen Tempeln z.B. in Ephesos und Didyma eher bescheiden ausfällt („sechzig Ellen lang, zwanzig Ellen breit und dreißig Ellen hoch" = etwa 30 x 10 m, also nicht einmal halb so groß wie der Athener Parthenon). Allerdings war dieser Bau auch um einiges älter – innerhalb der biblischen Chronologie datiert man ihn auf das mittlere 10. Jh. v. Chr. Die neuere Forschung tendiert zwar dazu, den Bau des Tempels auf rund 200 Jahre nach Lebzeiten des Salomon anzusetzen, doch selbst damals verehrte man die Götter in Griechenland noch in Ziegelhütten.

Aus: *1. Buch der Könige* (etwa 6. Jh. v. Chr.)

Und Hiram, der König zu Tyrus, sandte seine Knechte zu Salomo; denn er hatte gehört, daß sie ihn zum König gesalbt hatten an seines Vaters Statt. Denn Hiram liebte David sein Leben lang. Und Salomo sandte zu Hiram und ließ ihm sagen: Du weißt, daß mein Vater David nicht konnte bauen ein Haus dem Namen des Herrn, seines Gottes, um des Krieges willen, der um ihn her war, bis sie der Herr unter seiner Füße Sohlen gab. Nun aber hat mir der Herr, mein Gott, Ruhe gegeben umher, daß kein Widersacher noch böses Hindernis mehr ist. Siehe, so habe ich gedacht, ein Haus zu bauen dem Namen des Herrn, meines Gottes, wie der Herr geredet hat zu meinem Vater David und gesagt: Dein Sohn, den ich an deine Statt setzen werde auf deinen Stuhl, der soll meinem Namen das Haus bauen. So befiehl nun, daß man mir Zedern aus dem Libanon haue, und daß deine Knechte mit meinen Knechten seien. Und den Lohn deiner Knechte will ich dir geben, alles, wie du sagst. Denn du weißt, daß bei uns niemand ist, der Holz zu hauen wisse wie die Sidonier.
Da Hiram aber hörte die Worte Salomos, freute er sich hoch und sprach: Gelobt sei der Herr heute, der David einen weisen Sohn gegeben hat über dies große Volk. Und Hiram sandte zu Salomo und ließ ihm sagen: Ich habe gehört, was du zu mir gesandt hast. Ich will tun nach allem deinem Begehr mit Zedern- und Tannenholz. Meine Knechte sollen die

Stämme vom Libanon hinabbringen ans Meer, und will sie in Flöße legen lassen auf dem Meer bis an den Ort, den du mir wirst ansagen lassen, und will sie daselbst abbinden, und du sollst's holen lassen. Aber du sollst auch mein Begehr tun und Speise geben meinem Gesinde.

Also gab Hiram Salomo Zedern- und Tannenholz nach allem seinem Begehr. Salomo aber gab Hiram zwanzigtausend Kor Weizen, zu essen für sein Gesinde, und zwanzig Kor gestoßenen Öls. Solches gab Salomo jährlich dem Hiram. Und der Herr gab Salomo Weisheit, wie er ihm geredet hatte. Und es war Friede zwischen Hiram und Salomo, und sie machten beide einen Bund miteinander. Und Salomo hob Fronarbeiter aus von ganz Israel, und ihre Zahl war dreißigtausend Mann, und sandte sie auf den Libanon, je einen Monat zehntausend, daß sie einen Monat auf dem Libanon waren und zwei Monate daheim. Und Adoniram war über solche Anzahl. Und Salomo hatte siebzigtausend, die Last trugen, und achtzigtausend, die da Steine hieben auf dem Berge, ohne die obersten Amtleute Salomos, die über das Werk gesetzt waren: dreitausenddreihundert, welche über das Volk herrschten, das da am Werk arbeitete. Und der König gebot, daß sie große und köstliche Steine ausbrächen, gehauene Steine zum Grund des Hauses. Und die Bauleute Salomos und die Bauleute Hirams und die Gebaliter hieben aus und bereiteten zu Holz und Steine, zu bauen das Haus.

Im vierhundertachtzigsten Jahr nach dem Ausgang der Kinder Israel aus Ägyptenland, im vierten Jahr des Königreichs Salomo über Israel, im Monat Siv April, Mai, das ist der zweite Monat, ward das Haus des Herrn gebaut. Das Haus aber, das der König Salomo dem Herrn baute, war sechzig Ellen lang, zwanzig Ellen breit und dreißig Ellen hoch. Und er baute eine Halle vor dem Tempel, zwanzig Ellen lang nach der Breite des Hauses und zehn Ellen breit vor dem Hause her. Und er machte an das Haus Fenster mit festen Stäben davor. Und er baute einen Umgang an der Wand des Hauses ringsumher, daß er um den Tempel und um den Chor her ging, und machte Seitengemächer umher. Der unterste Gang war fünf Ellen weit und der mittelste sechs Ellen weit und der dritte sieben Ellen weit; denn er machte Absätze außen am Hause umher, daß die Balken nicht in die Wände des Hauses eingriffen.

Und da das Haus gesetzt ward, waren die Steine zuvor ganz zugerichtet, daß man kein Hammer noch Beil noch irgend ein eisernes Werkzeug im Bauen hörte. Eine Tür aber war zur rechten Seite mitten im Hause, daß man durch eine Wendeltreppe hinaufging auf den Mittelgang und vom Mittelgang auf den dritten. Also baute er das Haus und vollendete es; und er deckte das Haus mit Balken und Tafelwerk von Zedern. Und er

baute die Gänge um das ganze Haus herum, je fünf Ellen hoch, und verband sie mit dem Hause durch Balken von Zedernholz. [...]
Und Salomo baute das Haus und vollendete es. Er baute die Wände des Hauses inwendig mit Brettern von Zedern; von des Hauses Boden bis an die Decke täfelte er es mit Holz inwendig, und den Boden des Hauses täfelte er mit Tannenbrettern. Und er baute von der hintern Seite des Hauses an zwanzig Ellen mit zedernen Brettern vom Boden bis an die Decke und baute also inwendig den Chor, das Allerheiligste. Aber das Haus des Tempels (vor dem Chor) war vierzig Ellen lang. Inwendig war das ganze Haus eitel Zedern mit gedrehten Knoten und Blumenwerk, daß man keinen Stein sah. Aber den Chor bereitete er inwendig im Haus, daß man die Lade des Bundes des Herrn dahin täte. Und vor dem Chor, der zwanzig Ellen lang, zwanzig Ellen weit und zwanzig Ellen hoch war und überzogen mit lauterem Gold, täfelte er den Altar mit Zedern. Und Salomo überzog das Haus inwendig mit lauterem Golde und zog goldene Riegel vor dem Chor her, den er mit Gold überzogen hatte, also daß das ganze Haus ganz mit Gold überzogen war; dazu auch den ganzen Altar vor dem Chor überzog er mit Gold. [...] Und an allen Wänden des Hauses um und um ließ er Schnitzwerk machen von ausgehöhlten Cherubim, Palmen und Blumenwerk inwendig und auswendig. Auch überzog er den Boden des Hauses mit goldenen Blechen inwendig und auswendig. Und am Eingang des Chors machte er zwei Türen von Ölbaumholz mit fünfeckigen Pfosten und ließ Schnitzwerk darauf machen von Cherubim, Palmen und Blumenwerk und überzog sie mit goldenen Blechen. Also machte er auch im Eingang des Tempels viereckige Pfosten von Ölbaumholz und zwei Türen von Tannenholz, daß eine jegliche Tür zwei Blatt hatte aneinander hangen in ihren Angeln, und machte Schnitzwerk darauf von Cherubim, Palmen und Blumenwerk und überzog es mit Gold, genau wie es eingegraben war. Und er baute auch den inneren Hof von drei Reihen behauener Steine und von einer Reihe zederner Balken.

Im vierten Jahr, im Monat Siv, ward der Grund gelegt am Hause des Herrn, und im elften Jahr, im Monat Bul (das ist der achte Monat), ward das Haus bereitet, wie es sein sollte, daß sie sieben Jahre daran bauten.

Das Buch der Könige (ca. 6. Jh. v. Chr.) in zwei Teilen berichtet u. a. von Salomon, dem Sohn König Davids. Es beschreibt die historische Zeit des 10./9. Jhs. Der Bau des Salomon-Tempels spielt eine wichtige Rolle, denn er eint die Gläubigen. Schließlich darf der Gott Israels nur im Tempel verehrt werden.

Tempel des Herodes

Jerusalem

N ach der Zerstörung des ersten Tempels des Salomon (s. S. 144) Anfang des 6. Jhs. v. Chr. wurden zahlreiche vor allem höhergestellte Bewohner Jerusalems nach Babylon zwangsumgesiedelt, wie es damals üblich war („babylonisches Exil"). 539 v. Chr., nachdem die Perser Babylon erobert hatten, durften sie zurückkehren und endlich konnte ein neuer Tempel für den Gott der Hebräer errichtet werden. 515 v. Chr. wurde er fertiggestellt. Zu echter prunkvoller Größe fand der Tempel

aber erst unter Herodes I., dem von den Römern eingesetzten idumä-
ischen König, der ab 21 v. Chr. den Jerusalemer Tempel komplett nach
griechischem Vorbild umbauen ließ – sehr zum Entsetzen der Juden. Die
Fläche des einst 30 x 10 m großen Tempels verdoppelte sich dabei und
der rund 200 x 200 m große Hof um den Tempel wurde mit einer Säulenhalle umgeben. Der Historiker Theodor Mommsen schildert das Leben
des Herodes äußerst plastisch und erzählt, mit welchen gemischten
Gefühlen die Bevölkerung auf den Ausbau des Tempels reagierte. Im
Jahre 70 n. Chr. wurde der Tempel im „Jüdischen Krieg" vollständig zerstört; deshalb ist heute nur noch wenig vom herodianischen Tempel
übrig – am eindrucksvollsten ist ein Teil seines gemauerten Plateaus:
Diesen nennt man heute die „Klagemauer".

Aus: Theodor Mommsen,
Römische Geschichte (1885)

Das fast vierzigjährige Regiment des Herodes – er starb im J. 750 [römi-
scher Zeitrechnung] – im Einzelnen zu schildern, wie es die dafür in
großer Ausführlichkeit erhaltenen Berichte gestatten, ist nicht die Auf-
gabe des Geschichtschreibers von Rom. Es giebt wohl kein Königshaus
irgend einer Zeit, in welchem die Blutfehde zwischen Aeltern und Kindern, zwischen Gatten und Geschwistern in gleicher Weise gewüthet
hat; Kaiser Augustus und seine Statthalter in Syrien wandten schau-
dernd sich ab von dem Antheil an dem Mordwerk, der ihnen angesonnen
ward; nicht der mindest entsetzliche Zug in diesem Gräuelbild ist die
völlige Zwecklosigkeit der meisten in der Regel auf grundlosen Verdacht
verfügten Executionen und die stetig nachfolgende verzweifelnde Reue
des Urhebers. Wie kräftig und verständig der König das Interesse seines
Landes, so weit er konnte und durfte, wahrnahm, wie energisch er nicht
bloß in Palaestina, sondern im ganzen Reich mit seinen Schätzen und

mit seinem nicht geringen Einfluß für die Juden eintrat, – die den Juden günstige Entscheidung Agrippas in dem großen kleinasiatischen Reichshandel hatten sie wesentlich ihm zu verdanken –, Liebe und Treue fand er wohl in Idumaea und Samaria, aber nicht bei dem Volke Israel; hier war und blieb er nicht so sehr der mit vielfacher Blutschuld beladene, als vor allem der fremde Mann. Wie es eine der Haupttriebfedern jenes Hauskrieges ist, daß er in seiner Gattin aus hasmonäischem Geschlecht, der schönen Mariamme, und in deren Kindern mehr die Juden als die Seinen sah und fürchtete, so hat er es selbst ausgesprochen, daß er sich zu den Griechen ebenso hingezogen fühle, wie von den Juden abgestoßen. Es ist bezeichnend, daß er die Söhne, denen er zunächst die Nachfolge zudachte, in Rom erziehen ließ. Während er aus seinen unerschöpflichen Reichthümern die Griechenstädte des Auslandes mit Gaben überhäufte und mit Tempeln schmückte, baute er für die Juden wohl auch, aber nicht im jüdischen Sinne. Die Circus- und Theaterbauten in Jerusalem selbst wie die Tempel für den Kaisercultus in den jüdischen Städten galten dem frommen Israeliten als Aufforderung zur Gotteslästerung. Daß er den Tempel in Jerusalem in einen Prachtbau verwandelte, geschah halb gegen den Willen der Frommen; wie sehr sie den Bau bewunderten,

Theodor Mommsen (1817–1903) war ein deutscher Historiker und Altertumswissenschaftler. Sein Spezialgebiet war das Römische Reich, er verfasste über 1.000 Schriften. 1902 war er der erste Deutsche, der den Literaturnobelpreis erhielt, und das für ein Sachbuch: die mehrbändige *Römische Geschichte*.

daß er an demselben einen goldenen Adler anbrachte, wurde ihm mehr verübelt als alle von ihm verfügten Todesurtheile und führte zu einem Volksaufstand, dem der Adler zum Opfer fiel und dann freilich auch die Frommen, die ihn abrissen. Herodes kannte das Land genug, um es nicht auf das Aeußerste kommen zu lassen; wenn es möglich gewesen wäre dasselbe zu hellenisiren, der Wille dazu hätte ihm nicht gefehlt. An Thatkraft stand der Idumaeer hinter den besten Hasmonaeern nicht zurück. Der große Hafenbau bei Stratonsthurm oder, wie die von Herodes völlig umgebaute Stadt seitdem heißt, bei Caesarea gab der hafenarmen Küste zuerst das, was sie brauchte, und die ganze Kaiserzeit hindurch ist die Stadt ein Hauptemporium des südlichen Syriens geblieben. Was sonst die Regierung zu leisten vermag, Entwickelung der natürlichen Hülfsquellen, Eintreten bei Hungersnoth und anderen Calamitäten, vor allen Dingen Sicherheit des Landes nach innen und außen, das hat Herodes geleistet.

Festung von Masada

Südlich vom Toten Meer liegt ein Berg mit einer flachen Kuppe. Mehr als 400 m ragt er über dem Salzsee empor und ganz oben auf seinem Gipfel finden sich die Überreste einer Festungs- und Palastanlage: Das ist Masada, erbaut in den 30er-Jahren v. Chr. von König Herodes I. Berühmtheit erlangte die Anlage 73 n. Chr. im Nachgang des „Jüdischen Kriegs", eines Aufstands der Juden gegen die römische Besatzung. Eigentlich war der Aufstand bereits 70 n. Chr. niedergeschlagen, mit der Zerstörung des herodianischen Tempels in Jerusalem (s. S. 149) – wäre da nicht noch Masada gewesen. Hier verschanzten sich knapp 1.000 der Aufständischen und sahen sich schließlich 15.000 römischen Legionären gegenüber. Und doch wähnten sie sich im Vorteil: Der jüdisch-römische Historiker Flavius Josephus beschreibt eindringlich die geographischen Voraussetzungen, die eine Belagerung einfach scheitern lassen mussten. Aber die Juden hatten nicht mit dem Einfallsreichtum der römischen Militäringenieure gerechnet. Noch heute kann man die von den Römern aufgeschüttete Rampe erkennen, die mehrere hundert Meter überwindet und mittels derer Masada schließlich fiel.

Aus: Flavius Josephus, *Der Jüdische Krieg* (79 n. Chr.)

Der römische Feldherr rückte an der Spitze seiner Streitkräfte gegen Eleazar und die mit ihm zusammen Masada haltenden Sikarier vor, und schnell verfügte er über das ganze umliegende Land und versah es mit Garnisonen, und er ließ eine Mauer rund um die ganze Festung errichten, damit die Belagerten nicht so einfach fliehen konnten, und an diversen Stellen stellte er Wachen auf; er selbst schlug sein Lager dort auf, wo es für die Belagerung besonders günstig war, da an der Stelle die Abhänge der Bergfestung ganz nah am benachbarten Berg lagen, auch wenn es den Versorgungsnachschub schwierig machte – denn nicht nur musste die Nahrung von weit her und unter schwierigen Bedingungen von Juden herbeigebracht werden, denen man dies befohlen hatte, es gab dort in der Nähe nicht einmal eine Quelle, so dass selbst das Trinkwasser durch Träger ins Heerlager getragen werden musste.

Nachdem Silva all dies zur Vorbereitung hatte durchführen lassen, begann er die Belagerung, die äußerste Anforderungen an Kraft und Ausdauer stellte, aufgrund der Beschaffenheit des Ortes, die nun im Einzelnen beschrieben wird: Rings um den breiten und hoch aufragenden Fels sind überall Schluchten, die so tief abfallen, dass man nicht den Boden erkennen kann und sie auch nicht betreten, außer an zwei Stellen, wo der Felsen es zulässt und wo Platz zum Aufstieg ist, auch wenn dieser nicht ganz einfach vor sich geht. Der eine Aufstieg führt auf der Ostseite vom Toten Meer aus hinauf und der andere wiederum von der Westseite, wo man leichter aufsteigen kann. Den ersten nennen sie die „Schlange", weil er mit seinen dünnen, ewigen Windungen an eine Schlange denken lässt; er windet sich an den steil abfallenden Felsvorsprüngen hin und her und oft sogar in sich selbst zurück, läuft dann wieder ein Stückchen geradeaus und weiter den Fels hinauf. Hier muss man sich Schritt für Schritt vortasten. Ein Schritt daneben ist tödlich: Auf beiden Seiten geht es so steil hinab, dass der Anblick selbst den Mutigsten schwindelig machen kann. Wenn man auf diese Weise 30 Stadien weit gewandert ist, dann erreicht man endlich den Gipfel, der hier aber nicht in einer Spitze endet, sondern oben eine gerade Ebene bildet.

Auf diesem Gipfel hat als Erster der Hohepriester Jonathas eine Festung errichtet und diese „Masada" genannt, später aber hat König Herodes viel Mühe investiert, um den Ort ausbauen zu lassen. Er ließ um den ganzen Rand der Ebene auf dem Gipfel herum eine sieben Stadien lange Mauer errichten aus hellem Stein, zwölf Ellen hoch und acht Ellen dick; 37 Türme, jeder fünfzig Ellen hoch, überragten die Mauer, und von diesen aus blickte man hinunter auf die Wohngebäude, die die ganze Mauer entlang standen. Denn der König behielt sich die Fläche des Gipfels mit ihrem Boden, der fruchtbarer war als ein Tal, zum Ackerbau vor, so dass die Menschen, die ihr Leben der Festung anvertrauten, nicht verhungerten, wenn einmal der Nachschub von außen ausbliebe. Er ließ außerdem eine Königsburg auf dem Berg errichten, am westlichen Aufstieg unterhalb der Ringmauer des Gipfels, gegen Norden. Die Mauern der Burg waren äußerst hoch und dick und mit sechzig Ellen hohen Ecktürmen versehen. Die Wohnräume, Portiken und Bäder im Innern waren vielfältig und kostbar ausgestattet, und überall standen monolithische Säulen; die Wände und Fußböden im Wohnbereich waren verziert mit bunten Steinen.

Alle Behausungen, sowohl die Königsburg als auch die Häuser an der Mauer, waren mit großen Zisternen für Regenwasser versehen, die in den Fels gehauen waren; so war die Festung so gut mit Wasser versorgt wie es sonst nur mit Quellen möglich ist. Ein Geheimgang, der in den Felsen gehauen war, führte von der Burg bis an den Rand des Gipfels.

Es war außerdem nicht einfach für Feinde, die offen sichtbaren Wege zu benutzen: Der Weg im Osten war, wie gesagt, einfach unbegehbar, und bei dem im Westen hatte Herodes an der engsten Stelle mit einem Turm den Weg versperrt, ganze 1000 Ellen vom Gipfel entfernt, und den konnte man weder umgehen noch leicht einnehmen: Selbst wenn man über sicheres Geleit verfügte, war es nicht einfach, hier hindurchzugehen. Auf diese Weise waren hier Natur und Handwerkskunst zusammengekommen, so dass die Festung allen Angriffen ihrer Feinde widerstehen konnte.

Flavius Josephus (ca. 37–ca. 102 n. Chr.),
gebürtig Joseph ben Mathitjahu, war ein römischer Historiker. Er war Jude aus Jerusalem, schrieb aber auf Griechisch. Seine zwei Hauptwerke schildern die Geschichte des Judentums und, sehr detailliert, den Aufstand der Juden gegen Rom ab 66 n. Chr.

Schatzhaus des Pharao

Petra

Als die NewOpenWorld Foundation 2007 nach einer methodisch durchaus umstrittenen Internetabstimmung die „New7Wonders of the World" vorstellte, hatten es immerhin zwei Relikte der Antike in die Liste geschafft: das Kolosseum in Rom (s. S. 46) und die Felsenstadt Petra in Jordanien. Die UNESCO hat sich von der Wahl der „Neuen Weltwunder" distanziert, doch wer einmal in Petra gewesen ist, wird zumindest dieses bauliche Meisterwerk auf die Liste setzen wollen. Wenn man die Stadt durch die Siq-Schlucht betritt, sieht man als Allererstes das wohl einprägsamste Gebäude der Nabatäer-Stadt: das sogenannte „Schatzhaus des Pharao" (Khazne al-Firaun). Seine 40 m hohe und 25 m breite Fassade ist, wie alle anderen Bauwerke in Petra auch, direkt aus dem Sandstein herausgehauen. Der Bau ist schwer zu datieren; es gibt Wissenschaftler, die seine Entstehung ins 1. Jh. v. Chr. legen, andere vermuten sie bis zu 200 Jahre später. Der beduinische Name, den das Gebäude heute trägt, ist irreführend: Hinter der hellenistischen Fassade befindet sich eine (natürlich längst leere) Grabkammer, die in der Antike einen oder mehrere Sarkophage barg – wenn auch sicherlich keinen eines Pharaos. Überhaupt entpuppten sich die meisten der Gebäude hier als Grabstätten, was frühe Forscher auf die Idee brachte, sie hätten es mit einer großen Nekropole zu tun. Die Erklärung ist indes ganz einfach: Die nabatäischen Bewohner Petras lebten in Zelten, nicht in den Steinbauten, die tatsächlich nur als Grabstätten dienten. Die Stadt florierte durch ihre Beteiligung am Gewürzhandel bis ins 7. Jh., als ein Erdbeben die Wasserleitung zur Stadt unbrauchbar machte. Als Handelsknotenpunkt eignete sich Petra somit nicht mehr. Im 14. Jh. wurde Petra komplett aufgegeben – die Beduinen zogen weiter.

Aus: Franz Kugler,
Geschichte der Baukunst (1856)

Sehr eigenthümliches Interesse gewähren die Architekturen von Petra, im peträischen Arabien, einer Stadt, die in zumeist engen Felsschluchten angelegt und deren Denkmäler wiederum zum grossen Theil aus dem lebenden Fels gearbeitet waren. Hier sind mannigfache Ueberreste in spät antiken, phantastisch umgebildeten Formen vorhanden Tempel, Theater, Triumphbögen, Grabmonumente verschiedener Art. Die letzteren, mit mehr oder weniger geschmückten Felsfaçaden, sind für das Eigenthümliche der künstlerischen Behandlung von vorzüglichstem Interesse. Die reicheren von ihnen bauen sich in mehrgeschossigen Säulen oder Halbsäulenbauten empor, die antiken Combinationen der Bautheile nicht selten in willkürlichster Weise durchbrechend, oberwärts mehrfach mit erkerartig vorspringenden Halbgiebeln und thurmartigen spitzbedachten Rundbauten zwischen diesen. Das glänzendste der Art führt den Namen des Schatzhauses des Pharao (Khasne Pharao); es ist ein brillant korinthischer Säulenbau, zu 117 Fuss Höhe aufgethürmt, von fast mährchenhaftem Eindruck. Styl und Behandlung des Einzelnen, zum Theil noch an die palmyrenischen Architekturen erinnernd, verräth zumeist die völlig sinkende Zeit der antiken Kunst. Die Säulenkapitäle gestalten sich, aus der korinthischen Form heraus, mehrfach schon zu roh-gemeisselten Klötzen mit starren Eckvorsprüngen; so u. A. bei dem, mit dem Namen El Deir benannten Grabe, welches gleichwohl noch jene reichere Gesammt-Composition wiederholt. Der Uebergang in die mittelalterliche Kunst spricht sich hier bereits mit Entschiedenheit aus.

Franz Kugler (1808–1858) war ein deutscher Historiker und Schriftsteller. Seine teilweise erst postum veröffentlichte *Geschichte der Baukunst* war vor allem deshalb bedeutend, weil es ihm darin erstmalig gelang, den Ursprung des gotischen Stils in Nordfrankreich zu verorten.

In seiner Manteltasche trug er den Baedeker
von Ägypten, er besuchte die Reisebüros und
zog Erkundigungen ein. Alle Routen, die ins
Mittelmeer führten, kannte er auswendig
mit den Fahrzeiten. Er hatte sich ein Schiff
ausgesucht, das vor acht Tagen abgegangen
war, darauf reiste er. Jeden Abend ging er
Unter den Linden und stellte im Schaufenster
der Agentur seinen Aufenthalt fest.

Aus: René Schickele, *Trimpopp und Manasse* (1914)

Tempel Ramses' II.

Abu Simbel

Im äußersten Süden von Ägypten liegt Abu Simbel, der Ort des atemberaubenden Tempels des Pharao Ramses II. Gleich viermal hat sich der Pharao an der 35 x 30 m großen Fassade als kolossale Sitzstatue in den Fels hauen lassen, über 20 m hoch – eine beispiellose Machtdemonstration. Ganze 30 Jahre dauerte der Bau des Monuments, der

1274 v. Chr. begann. Den zweiten, kleineren Tempel, der Muttergottheit Hathor geweiht, zieren immerhin noch 10 m große Statuen; hier sind jeweils dreimal Ramses II. und die Göttin dargestellt. Auch die Reliefdarstellungen diverser Götter im Inneren der Tempel sind sehenswert und sehr gut erhalten – schließlich war das gesamte Areal bis zu den Ausgrabungen ab 1813 mit Wüstensand bedeckt. Doch diese Tempel sind nicht nur ein Meisterwerk antiker Ingenieursleistung, sondern auch moderner: In den 1960er-Jahren musste man die Monumente von Abu Simbel verlegen, da sie durch den Bau des Assuan-Staudamms akut gefährdet waren. Schwedischen Technikern gelang es, die Ramses-Tempel in über 1.000 Blöcke zu zerschneiden und etwas höher gelegen wieder zusammenzusetzen. Insgesamt 14 Gebäude konnten auf diese Weise innerhalb von fünf Jahren gerettet werden, sonst lägen sie heute auf dem Grund des Nassersees – ein Schicksal, das einigen weniger bedeutenden Tempeln leider nicht erspart geblieben ist.

Aus: Willy Seidel,
Die Himmel der Farbigen (1930)

Ich brachte eine stockende Rede ins Geleise: was es für mich bedeute, ihn persönlich zu sehen; welche seiner Bücher meine Jugend begleitet; wie beliebt und anerkannt er in Deutschland sei; was er von den Übertragungen halte; ob sie ihn zufriedenstellten ... Er hielt während meiner Ansprache den Kopf etwas schief; sein Ausdruck war fast gütig; ich rührte ihn offenbar.

„Es schmeichelt mir zu hören –" sagte er mit der lispelnden Korrektheit des aufgestörten feinen Mannes – „daß man mich in Deutschland nicht nur kennt, sondern auch, wie Sie sagen, schätzt ..."

„Aber, Herr ...", rief ich mit naiver Eindringlichkeit, „man verehrt Sie!"

Er blickte mich mit eisgrauen Augen an, durch die Brille hindurch. Es war ein schwerer Blick, wie schmelzendes Blei. – „Sie sind sehr freundlich", sagte er. – „Ich bin ein ungebildeter Kerl; ich spreche nur Englisch und ein wenig Hindi ... Die Gelegenheit, Deutsch zu lernen, habe ich leider verpaßt ... Ich muß mich schämen; man ist so sprachenkundig in Deutschland ..."

Etwas zu ölig klang das, etwas zu bereitwillig; – doch ich merkte es nicht. Ich war ehrlichstes Echo für seine Orakel und sagte beruhigend, da übertreibe er wohl ein wenig; haha!

Auch er pustete etwas durch die Nase, so daß der Nietzsche-Bart sich blähte wie ein kleines Topsegel. – Ich rührte ihn ganz bestimmt; ich möchte jetzt, nachträglich, darauf wetten.

„Wohin fahren Sie nun?" fragte er.

Es gehe weiter südlich, meinte ich; – vorläufig nach dem Sudan ... Hier kam seine kleine, auf dem Rücken stark behaarte Hand aus der Hosentasche hervor. – „Dann müssen Sie –" sprach er, „den Sonnenaufgang bei Abu-Simbel sehn!" Er faßte mich am Schlips und starrte mich an. Seine Pupillen waren ganz klein; er behielt den Mund offen, als habe Ungeheures ihn plötzlich überwältigt. – Dann löste er die Hand und wiederholte geheimnisvoll, leise und scharf flüsternd: „Das müssen Sie! Unbedingt!!"

Drei oder vier Tage später sah ich wirklich jenen Sonnenaufgang zu Abu-Simbel.

Die vier Kolosse vor dem Eingangstor starrten mit ihren zerklüfteten, von unvorstellbarem Glanz gleichsam erblindeten Häuptern in die Zeitlosigkeit der Lohe im Osten.

Jeden Morgen erhebt sich dieser Farbenchoral von Purpur und bleichem Türkis. Seine Rhythmen schwingen jenseits und über allem menschlichen Verstehen. Das Mächtigste ist dies, und das Abstrakteste zugleich.

Nie hat ein Kult tiefer empfunden; nie einen gleichen schlicht pompösen Ausdruck erlangt ... Es ist, als entzünde sich der Gedanke der Allgottheit am eigenen Feuer, um dort plastisch aufzuglühn.

„You must see it!" war Kiplings Wort. – Damals glaubte ich an ihn wie an andere Götzen; glaubte an Echtheit in seiner „völkerverschmelzenden" Intuition und an die Unantastbarkeit, durch Rassenverhetzung, jener ewigen „geistigen Provinz ..."

Willy Seidel (1887–1934) war ein deutscher Schriftsteller. Er reiste früh nach Ägypten und später bis in die Südsee; den Ersten Weltkrieg verbrachte er in den USA. Seidel war für die exotischen Schauplätze seiner Romane bekannt, wurde aber später zu einem prominenten Kritiker des Kolonialismus.

Denn ich ahnte noch nichts von dem Marsprofil, von der Chauvinistenfratze an der Rückseite des Januskopfes, jenes Pax-Antlitzes, das so tief in den Osten getaucht erschien, bestrahlt und erschüttert vom Sonnenaufgang zu Abu-Simbel, der nicht seinesgleichen hat.

Bibliothek von Alexandria

D ie Bibliothek von Alexandria war eine einzigartige Einrichtung – geradezu ein Tempel der Gelehrsamkeit und der Literatur, dem Museion angegliedert, der fortschrittlichsten wissenschaftlichen Einrichtung überhaupt, in der Stadt, die ab dem 3. Jh. v. Chr. das kulturelle Zentrum der Welt war. Alexandria hatte sich zum Ziel gesetzt, in der um 300 v. Chr. gegründeten Bibliothek alle Literatur zu versammeln, derer sie habhaft werden konnte. Schiffe, die am Hafen ankamen, wurden auf mitgeführte Bücher durchsucht, die die Bibliothek dann kaufte oder notfalls konfiszieren ließ. Auch fremdsprachige Werke wurden aufgenommen und eigens ins Griechische übersetzt. Quellen sprechen von bis zu 700.000 Buchrollen aus Papyrus, die sich in der Bibliothek befanden. Während der Belagerung von Kleopatras Palast, als Caesar 48 v. Chr. in Alexandria war, brannte die Bibliothek angeblich ab; allerdings ist das alles andere als sicher. Wahrscheinlicher ist, dass lediglich Lagerhäuser am umkämpften Hafen Feuer fingen, in denen man Bücher aufbewahrte. Denn die Bibliothek bestand weiter, so viel ist sicher. Ob ihre endgültige Zerstörung tatsächlich erst im Zuge der Eroberung durch die Sassaniden (7. Jh.) stattfand, wie Victor Auburtin mit markigen Worten schreibt, ist fraglich. Wahrscheinlich wurde sie schon geschlossen, als die Christen Ende des 4. Jhs. die Herrschaft übernahmen und die „heidnischen" Schriften ausmerzten – doch das war Anfang des 20. Jhs. natürlich kein populärer Standpunkt. Heute sind keine Überreste des Gebäudes mehr erhalten. Aber immerhin gab man sich Mühe, die moderne Bibliothek so aufwendig zu gestalten, dass sie ein wenig an den Glanz des Ptolemäerreichs erinnert.

Aus: Victor Auburtin, *Über Alexandria* (ca. 1911)

Montaigne hat – zur Zeit der Bartholomäusnacht – Beschwerde darüber geführt, daß zu viele Bücher geschrieben würden. Und mit dem Tone des Entsetzens und Erstaunens bemerkte er: „Es gibt Bücher über Bücher!" Teurer Montaigne, klügster aller Menschen, Sohn eines französischen Beamten und einer portugiesischen Jüdin, was würdest du sagen, lebtest du heute! Du würdest vielleicht darauf verzichten, deine Essays herauszugeben, die du ja nur für dich und deine stillen Freunde geschrieben hast. Du lieber Gott, wir schreiben ja nichts als Bücher über Bücher.

Wir besitzen jetzt Werke, die man Literaturgeschichten nennt und die es zur Zeit von Goethe noch nicht gab, ein Zeichen, daß es auch ohne sie geht. Diese Literaturgeschichten sind so zahlreich, daß wohl schon eine Geschichte der Literaturgeschichte geschrieben worden ist oder demnächst geschrieben werden muß; und wenn dann jemand eine Kritik über dieses Werk verfaßt, so liegt die Sache so: das ist ein Buch über ein Buch, das sich mit den Büchern befaßt, die über Bücher geschrieben worden sind.

Es gibt glänzende Schriftsteller, die nie etwas anderes geschrieben haben als über etwas. Gekräuseltes Zeug, das der Wind der Zeit wegweht. Aber das Märchen von den sieben Zwergen, das vielleicht ein Autor der Eiszeit verfaßt hat, raunt und klingt durch die Jahrtausende. Darin gibt's gar nichts über; klar und einfach der Bericht des Dichters.

Ein Zufall spielte mir dieser Tage wieder einmal Goedekes Grundriß in die Hände, ein kolossales Werk, in dem nur die Titel der deutschen Dichtwerke verzeichnet sind und die Bücher, die über diese Werke geschrieben worden sind. Goethe füllt einen dicken, engbedruckten Band. Es gibt neunundsiebzig Arbeiten über Goethe und das Altertum (Goethe und Homer, und Äschylos, und Euripides, und Epicharm, und Aristoteles, und Horaz, und Vergil) und einhundertundzwölf Werke über Goethe und England. Und fast über jede dieser Arbeiten sind zwei Dutzend andere Arbeiten geschrieben worden.

Ein deutscher Schriftsteller, der noch nie einen Artikel über die Frau Rat verfaßt hat, macht sich neben seinen Brüdern geradezu verdächtig. Es muß eine geheime Vagabondage an ihm sein.

> **Victor Auburtin** (1870–1928) war ein deutscher Journalist und Schriftsteller. Vor dem Ersten Weltkrieg war er als Zeitungskorrespondent in Paris tätig. Er war eher konservativ, vertrat jedoch selbst keinen politischen Standpunkt, sondern lebte vielmehr als hedonistischer Bohemien und Dandy.

So ähnlich war es vor zwei Jahrtausenden, in der Stadt des Mazedoniers, in dem ägyptischen Alexandria. Da hockten die Literaten zu Tausenden, und einer schrieb über den anderen. Und der Philosoph Didymos verfaßte allein für sich viertausend Bände über die Grammatik.

Das alles ging in die Bibliothek und wurde katalogisiert und stand schön sauber und sicher in Reihen ... bis der Araber kam mit seiner Fackel und der große Brand aufleuchtete, nach dem eine neue Welt begann.

Leuchtturm von Pharos

Alexandria

Der Leuchtturm der Stadt Alexandria, vorgelagert auf der kleinen mit dem Festland durch einen Damm verbundenen Insel Pharos, war einer der ersten Leuchttürme überhaupt und eines der höchsten Gebäude der Antike. Wen mag es da wundern, dass man ihn zu den sieben Weltwundern zählte? Man schätzt seine Höhe auf 115–160 m, er war also eventuell so hoch wie der Kölner Dom – für die Zeit seiner Konstruktion zu Beginn des 3. Jhs. v. Chr. war dies eine echte Sensation. Nur die Pyramiden von Gizeh waren ähnlich hoch. Der aus Steinblöcken errichtete Turm bestand aus einem ca. 60 m hohen, sich leicht verjün-

genden Sockel mit 30 m Kantenlänge am Boden; darauf ruhte ein acht-
eckiger Aufbau mit einer Konstruktion für das Leuchtfeuer darauf, die
wiederum eine Kolossalstatue des Meeresgotts Poseidon krönte. Das
letzte Mal, dass die Insel Pharos geschichtlich in Erscheinung trat, war
im Rahmen der verhängnisvollen Affäre von Kleopatra und Marcus Antonius, während der sich der Römer, als der Kampf gegen Octavian verloren war, am Fuße des Leuchtturms in ein Haus einschloss (das Zeitgenossen „Timoneion" nannten, nach einem berühmten Misanthropen)
und sich der Depression hingab – besonders schön beschreibt diese Epi-
sode Alfred Schirokauer in seinem Kleopatra-Roman. Laut Quellen stand
der Turm, auch wenn er wohl nach Erdbeben im 8. oder schon im 4. Jh.
n. Chr. nicht mehr als Leuchtturm funktionierte, noch bis ins 14. Jh. Wenn
man heute einen Eindruck davon haben will, wie der Leuchtturm von
Pharos ausgesehen haben könnte, muss man weit reisen: Im „Window
of the World"-Park im chinesischen Changsha gibt es eine Rekonstruktion zu bestaunen – allerdings nur etwa ein Drittel so hoch, wie der Turm
ursprünglich gewesen sein muss.

Aus: Alfred Schirokauer,
Kleopatra (1930)

Doch noch ehe der Pharus am Horizonte steht, hat Kleopatra sich
gefunden. Sie muß ihre Hauptstadt vor der Schreckenskunde von
Aktium erreichen. Der Wind bläst günstig, die Ruderer werden durch Fol-
tern, Drohungen, Versprechungen zu übermenschlicher Leistung ange-
spornt. Vor der schmählichen Nachricht fliegt die Flotte dahin.
Wenn Alexandrien wüßte, daß seine Königin flüchtig und besiegt heim-
kehrt, daß alles verloren, der gewaltige Krieg gegen Rom ruhmlos zu

Ende ist, würde dieses leicht entzündete, trügerische, aufsässige Volk ihr den Hafen sperren. Würde sie rücksichtslos entthronen, einen der Großen des Reichs zum König ausrufen.

Mit verwegener List erzwingt sie die Einfahrt in die Stadt. Die Schnäbel der Schiffe sind umkränzt, freudige Musik erklingt, Siegeshymnen der Matrosen und Soldaten tönen zum Lande herüber.

Auf den Quaimauern stehen die Alexandriner, jubeln und winken der sieghaften Flotte zu. Bis der Betrug durchschaut und die Wahrheit bekannt ist, hat Kleopatra längst alle strategischen Punkte der Stadt mit Militär besetzt, ihren Palast gesichert. Alexandrien und das Land sind fest in ihrer Hand.

Antonius hat einen letzten schwächlichen Versuch gemacht, ihre Liebe zurückzugewinnen. Höhnisch hat sie ihn abgewiesen. Da geht er. Er liebt sie noch. Er wird sie bis zum letzten Atemzuge lieben, trotz ihrer Verachtung und bitteren Zurückweisung. Die Liebe zu ihr ist der einzige Inhalt des Torsos seines ungestümen Lebens geblieben.

Doch er sieht jetzt klarer, objektiver. Er weiß, sie liebt ihn nicht mehr. Verachtet ihn. Sie, die vorzeitig aus der Schlacht geflohen ist – durch ein Versehen, einen Irrtum – verachtet ihn, weil er seinen Feldherrnpflichten untreu geworden ist.

Mit Recht verachtet sie ihn darob. Auch er verachtet sich und sehnt sich nach dem Tode. Aber noch immer muß er leben – für sie. Sie schützen, verteidigen mit dem letzten Blutstropfen, der in ihm sickert.

Bald wird Octavian folgen, Ägypten, seine Kornkammern, seine unermeßlichen Schätze zu erraffen. Dann muß er an Kleopatras Seite stehen mit seinem Schwert, seiner Kriegserfahrung. Sie beschirmen im letzten Verzweiflungskampfe.

Doch bis dahin will er ihr nicht lästig fallen, will er sie verschonen mit seiner Gegenwart und seiner verachteten Person.

Alfred Schirokauer (1880–1934) war ein deutscher Schriftsteller. Er gehörte zu den gefragtesten europäischen Drehbuchschreibern der Stummfilmzeit und betätigte sich auch selbst als Regisseur beim Film. Mehr als 50 seiner Drehbücher wurden verfilmt und er veröffentlichte über 30 Romane.

Er bezieht ein kleines Haus auf dem Damme, auf dem der Leuchtturm Pharus steht, an einsamster Stelle. Erinnerungen kommen ihm an das Schauspiel, das er einst in Athen gesehen hat, in dem der Menschenverächter Timon auftrat. In Tarsus bei dem Gastmahl hat er Kleopatra davon erzählt. Endlos lange scheint ihm das her. Damals hat er über diesen sonderbaren Kauz gelacht. Da lag ihm Menschenverachtung und Einsamkeitssehnsucht meilenfern. Jetzt lacht er nicht mehr. Jetzt sitzt er vor dem kleinen Hause auf dem Damme des Pharus und denkt an die Vergangenheit und schüttelt sein weißes Haupt. –

Dann naht Octavian. Die Gefahr zieht dunkel herauf. Antonius eilt zur Königin. Er will kämpfen, will Alexandrien verteidigen. Sie lächelt heimlich. Sie hat Grund zu lächeln. Längst steht sie mit Octavian durch geheime, zuverlässige Boten in Verbindung. Sie hat ihm ihr Verhalten bei Aktium erklärt, gedeutet. Hat durchblicken lassen, wie sehr sie ihn seit langem bewundere, seine Tapferkeit, sein politisches Genie, und hat Worte von Liebe und Zukunft, klug gewählt, in ihre geheime Botschaft einfließen lassen.

Octavian ist schlauer noch als sie. Er geht auf ihren Ton ein. Auch er läßt in seiner Antwort Liebesworte aufklingen. Auch er habe sie immer bewundert und bedauert, daß sie gegen ihn gestanden habe. Doch jetzt könne alles anders werden. Er danke ihr für den Sieg bei Aktium, der ja, wie er jetzt erkenne, ihr Werk und ihr Geschenk sei. Und er deutet an, daß Einer noch im Wege stehe. Der müsse verschwinden, ehe sie zueinander finden können.

Kleopatra versteht. Versteht genau. Auch Octavian will vor Rom und der Welt nicht das Odium auf sich laden, den einst beliebtesten Mann zu töten. Er legt es ihr nahe.

Doch sie kann es nicht. Sie will es nicht. Töten nicht! Der Mord verschließt ihr Rom. Ihn zum Selbstmord treiben – vielleicht.

Horustempel

Edfu

Als die Ptolemäer, Nachfolger Alexanders des Großen, im 3. Jh. v. Chr. die Herrschaft über Ägypten übernahmen, waren sie schlau genug, den Einwohnern keine neue Religion aufzuzwingen, sondern ihre griechische Götterwelt in die altägyptische zu integrieren. Ptolemaios I. und seine Nachfolger machten die althergebrachten Götter Isis und Osiris zu Hauptgöttern und setzten sie funktional ihren eigenen Gottheiten Demeter, Hera, Aphrodite bzw. Dionysos gleich. Das grandioseste Beispiel für die Ausübung der ptolemäisch-ägyptischen Religion ist der 137 x 79 m große Tempel des Horus, Sohn des Hauptgötterpaars, in Edfu. Er ist zugleich der am besten erhaltene antike Tempel Ägyptens.

Der Bau dieses Heiligtums begann 237 v. Chr. und dauerte unglaubliche 180 Jahre. Fast schon tragisch, dass der Tempel nicht einmal 30 Jahre kultische Verwendung fand, bis die Römer unter Augustus die Herrschaft über Ägypten übernahmen und ihre eigenen Götter mitbrachten. 1860 wurde der Horustempel von der Archäologie erschlossen; die Bewohner der Stadt hatten ihn kurzerhand zu einer Mischung aus Wohnhaus und Müllkippe umfunktioniert. Gleichwohl sind die kunstvollen Reliefs wie der Bau selbst nahezu vollständig erhalten. Rudolf von Habsburgs Beschreibung zeigt eindringlich den Kontrast zwischen dem Ritt durch die „schmutzige[n] enge[n] Gassen" von Edfu und der Erhabenheit, die der Tempel für Besucher ausstrahlte und immer noch ausstrahlt.

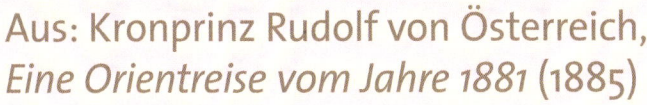

Aus: Kronprinz Rudolf von Österreich, *Eine Orientreise vom Jahre 1881* (1885)

Am 6. März wurde in sehr früher Stunde die Reise begonnen und gar bald war die Thalenge von El-Kab, jene schöne Gegend, wo die beiderseitigen Hochgebirge in wildromantischen Formen an den Strom her antreten, erreicht. Nach dieser schmalen Passage lassen die libyschen Wüstengebiete, sich zurückziehend, freien Raum für die ziemlich breite und gut cultivirte Ebene von Edfu, während die arabischen Höhenzüge von nun an ununterbrochen bis nahe zum Nil reichen. Auch ändert sich der Charakter der Berge; anstelle der schön geformten hohen Gebirgsmassen tritt ein wild zerklüftetes Sandsteingebirge, dessen niedrige Kuppen und Spitzen die absonderlichsten Gestaltungen annehmen.
Vormittags langte der Dampfer bei Edfu an; über einige Felder ritten wir allsogleich zum nahe liegenden ärmlichen Dorfe; durch schmutzige enge Gassen gelangten wir an den jenseitigen Rand des Ortes, wo zwischen Schutt- und Trümmerhaufen der besterhaltene Tempel Ober-Egyptens, eines der schönsten Baudenkmäler aller Zeiten, steht. Augenblicklich begannen wir unter Brugsch-Pascha's Anleitung die Besichtigung der Räume.

Edfu, altegyptisch Debu oder Edbu, griechisch „Apollinopolis" die Große. Der Tempel von Edfu gilt mit Recht als eines der größten und umfangreichsten Heiligthümer, das sich aus dem Alterthum bis auf die Neuzeit in wunderbarer Erhaltung bewahrt hat. Die ganze Anlage des Tempels, nach dem oben beschriebenen Grundplane ausgeführt, bietet somit dem modernen Beschauer das wahrheitsgetreueste Bild eines Tempelbaues in altegyptischer Zeit dar. Das gewaltige Heiligthum war dem Lichtgott Horus, dem egyptischen Apollo geweiht, den die Inschriften genauer als die oberegyptische Form des Sonnengottes bezeichnen. Sperberköpfig dargestellt, erscheint der Gott zugleich als Sieger über die Finsterniß, besonders symbolisirt durch das Bild eines ungeschlachten Nilpferdes. Die an der inneren Wand der westlichen Umfassungsmauer abgebildeten Kämpfe dieses Lichtgottes gegen Finsternis und Bosheit im moralischen Sinne, erinnern in ihrer Reihenfolge an die bekannten zwölf Arbeiten des Herkules der griechischen Göttersage. Die Reichhaltigkeit der Darstellungen und Inschriften, welche alle Flächen der steinernen Wände und Säulen dieses Tempels bedecken, übertrifft an Umfang des Inhaltes sämmtliche Denkmäler Egyptens.

Unerschöpflich zu nennen ist die Ausführlichkeit der darin niedergelegten Aufschlüsse über Geschichte, Geographie, Völkerkunde, Astronomie, Kalenderwesen, über die Baukunst und Vermessung, über die Form des Tempeldienstes u. s. w., ganz abgesehen von der Fülle mythologischer Ueberlieferungen, welche den Stoff zu dickbändigen Werken liefern würden. Die Länge des Tempels an der Umfassungsmauer beträgt 433 Fuß 6 Zoll, die Breite eines jeden Thurmflügels 100 Fuß 6 Zoll, die Höhe eines jeden 103 Fuß. Der Hof mit seinem von zweiunddreißig Säulen getragenen Peristyl ist malerisch und von imposanter Wirkung. Die sich in der Richtung der Axe von Süd nach Nord anschließenden Säle folgen in vorgeschriebener Reihe nacheinander bis zum Allerheiligsten hin, in welchem noch heute die aus den Zeiten des letzten einheimischen Pharaos herrührende Stein-Capelle der Gottheit steht. Zum Schlusse die Bemerkung, daß nach den Aussagen der Inschriften der ganze Bau in den Zeiten der Ptolemäer-Könige vom Jahre 237 bis 142 vor Chr. Geb. nach altem Muster ausgeführt, daher erst nach Verlauf von fünfundneunzig Jahren vollendet worden ist. Nachdem wir alle Teile des Tempels gesehen hatten, gingen wir auf das flache Dach und genossen von da einen schönen Ueberblick nach dem Nil, der grünen Ebene, einer unweit vom Tempel beginnenden weiten Wüstenfläche und den dahinter sich aufbauenden, pyramidenartigen Sandsteingebirgen.

Rudolf, Kronprinz von Österreich-Ungarn (1858–1889), war der einzige Sohn von Kaiser Franz Joseph I. und Sissi. Er reiste durch mehrere Kontinente und hielt seine Erlebnisse schriftlich fest. Bekannter wurde er aber durch seinen skandalösen Tod, als er seine 17-jährige Geliebte erschoss und dann sich selbst.

Pyramiden von Gizeh

ie Pyramiden von Gizeh bei Kairo sind das einzige fast komplett erhaltene der sieben Weltwunder. Auch wenn auf uns „vierzig Jahrhunderte herabblicken" (Napoleon), wenn wir vor ihnen stehen, haben sie doch nichts von ihrer Faszination eingebüßt. Errichtet wurden die drei kleinen und drei großen Pyramiden alle im 27./26. Jh. v. Chr. Blickfang der Anlage ist die Pyramide, die die Grabstätte des Pharao Cheops beherbergt. Sie besteht aus drei Millionen Steinquadern, ihre Grundfläche ist 53.000 m² groß und sie war mit 147 m Höhe über 2.000 Jahre lang das höchste Bauwerk der Welt, mindestens bis zur Errichtung des Leuchtturms von Pharos (s. S. 166). Die zweitgrößte Pyramide von Gizeh, die des Chephren, war nur marginal kleiner – und wirkt heute, dank ihrer höheren Lage, sogar größer. Aber ohnehin sind beide der großen Pyramiden (neben denen noch eine Kultpyramide und drei kleine Königinnenpyramiden stehen) heutzutage 7–8 m kleiner als in der Antike, denn ihnen fehlt das traditionelle Pyramidion, eine Spitze aus wertvollerem Stein, ebenso wie die glatte, helle Kalksteinverkleidung. Wie es den Ägyptern bzw. ihren Sklaven gelang, die Pyramiden zu bauen, galt früher als Rätsel; inzwischen gibt es mehrere haltbare Theorien dazu. Die Aura des Geheimnisvollen und Okkulten, die sie (wie man bei Edgar Wallace erfährt) noch in den 1920er-Jahren umgab, ist größtenteils verschwunden. Dennoch wird man sicherlich auch in weiteren vierzig Jahrhunderten noch mit offenem Mund über dieses Monument menschlicher Leistungsfähigkeit staunen.

Aus: Edgar Wallace, *Der Redner* (1928)

Julian George Linstead war Antiquitätenhändler, der erfolgreich an der Börse spekulierte und es eigentlich nicht mehr nötig hatte, sich um sein Geschäft zu kümmern. Im Grunde liebte er seinen Beruf auch nicht so sehr, aber er hatte nun einmal seine Tatkraft dafür eingesetzt und betrieb ihn aus Gewohnheit weiter.

Er war ein Junggeselle von fünfundvierzig Jahren und sah trotz seines etwas verschlossenen und düsteren Wesens sehr gut aus. In seinem äußeren Auftreten war er liebenswürdig, und er hatte auch einen gewissen Sinn für Humor. Zu seinen Gunsten muß noch erwähnt werden, daß er zu allen wohltätigen Sammlungen reichlich beisteuerte, jedoch verlangte, daß sein Name nicht genannt wurde.

Er wohnte in der Curzon Street, wo ihn Mrs. Aldred, eine ältere Frau, betreute. Ihr Mann versah die Stelle eines Hausmeisters und Kammerdieners. [...] Natürlich hatte er auch seine besondere Liebhaberei, und zwar galt sein Spezialinteresse okkulten Dingen. Aus diesem Grunde war er auch ein Freund des Professors Henry Hoylash, der sich nicht nur als Astronom, sondern auch als Astrologe betätigte und häufige Besuche in der Curzon Street machte.

Der Professor, ein kleiner Herr mit sanftem Charakter, konnte die Ereignisse der großen Politik mit erstaunlicher Sicherheit voraussagen. In seinen Kreisen war er als der ‚Siriusmann' bekannt, da alle seine Prophezeiungen in irgendeiner Weise mit diesem Stern zu tun hatten. Zum Ausgangspunkt seiner Berechnungen nahm er stets die Stellung des Sirius zu der Zeit, als die großen Pyramiden in Gizeh gebaut wurden. Die Astrologie hat viele Anhänger; auch Mr. Linstead, der früher nicht einmal gewußt hatte, daß ein Stern Sirius existierte, fühlte sich stark zu ihr hingezogen. Auch Ägypten, das er nur als großes Ausbeutungsobjekt der Firma Thomas Cook & Sons betrachtet hatte, erschien ihm plötzlich in neuem, geheimnisvollem Licht.

Und eines Abends überredete Professor Hoylash Mr. Linstead, statt eine Reise in die Schweiz zu machen, einmal nach Ägypten zu gehen.

Mr. Rater stellte Nachforschungen an und erfuhr, was allgemein über Mr. Linstead bekannt war. Einer der Detektive lud Mr. Aldred zu einem Glas Whisky-Soda ein, horchte ihn aus und bekam zu hören, daß Mr. Linstead der beste Dienstherr war, den man sich überhaupt wünschen konnte.

„Er hat sich allerdings in letzter Zeit viel mit Geistern, Spiritismus und solchem Zeug befaßt. Seitdem er den alten Professor kennt, redet er von ägyptischen Göttern und dergleichen verrückten Dingen. Aber schließlich ist ja jeder Mensch berechtigt, sein Steckenpferd zu haben."

Der Detektiv wollte noch mehr von Mr. Linsteads okkulten Neigungen erfahren.

„Da ist weiter gar nichts dabei", erklärte der Hausmeister. „Es macht ihm eben riesigen Spaß, Horoskope aufzustellen. Mich hat er auch schon gefragt, an welchem Tag und zu welcher Stunde ich geboren bin, ebenso meine Frau. Mehr merke ich nicht davon."

Mr. Linstead schien jedoch seine astrologischen Studien sehr ernst zu betreiben. Er besaß eine umfangreiche Bibliothek okkulter Literatur, hatte sich ein Modell der großen Pyramiden herstellen lassen, das man auseinandernehmen konnte, und brachte abends viele Stunden mit mystischen Berechnungen zu.

Der Redner interessierte sich nicht für diese Lieblingsbeschäftigung Mr. Linsteads. Kaum hatte er die nötigen Erkundigungen eingezogen, so vergaß er die ganze Angelegenheit, denn er sah in diesem Fall wirklich nichts Ungewöhnliches. Schließlich durfte sich ein reicher Mann doch um die Verhältnisse seiner Nichte kümmern, die später einmal sein großes Vermögen erben sollte. Er kehrte nach Scotland Yard zurück, unterzeichnete einige Briefe, hörte die Berichte seiner unmittelbaren Untergebenen und ging dann nach Hause.

Edgar Wallace (1875–1932) war ein britischer Schriftsteller. Weltberühmt wurde er für seine über 100 Kriminalromane, er hat aber auch andere Genres bedient. Der spielsüchtige Autor lebte in Saus und Braus, schaffte es aber immer wieder, seine Ausgaben durch die Tantiemen aus aller Welt zu decken.

Obelisk von Luxor

Paris

Seit 1836 steht er mitten in Paris auf der Place de la Concorde: der Obelisk, 23 m hoch und 250 t schwer, den der Entzifferer der Hiero-glyphen, Jean-François Champollion, aus Ägypten in die französische Hauptstadt bringen ließ – nicht als Beutekunst, sondern als Geschenk Ägyptens an Frankreich. Ursprünglich stand dieser gewaltige Obelisk vor dem Tempel in Luxor, wo ihn Ramses II. im 13. Jh. v. Chr. aufstellen ließ (ein zweiter gleicher Bauart steht dort heute noch). Kaum mehr ermessen kann man, welche logistische Meisterleistung der Transport darstellte – zwei Jahre dauerte die Reise des Granitmonolithen von Luxor nach Paris. Bei Heinrich Heine, der Anfang der 1840er-Jahre als Korrespon-dent in Paris lebt, wird der vermeintlich nicht allzu fest auf seinem Fun-dament stehende Obelisk gar zum Symbol für die unsichere politische Lage Frankreichs und die wackelige Position des neuen Außenministers François Guizot, in der Zeit der Restauration, wenige Jahre vor Errich-tung der kurzlebigen Zweiten Republik. Doch anders als diese steht der Obelisk auch heute noch. Und seit 1998 besitzt er sogar ein Pyramidion, eine Spitze aus Bronze, gestiftet von Yves Saint Laurents langjährigem Lebensgefährten, dem Unternehmer Pierre Bergé.

Heinrich Heine,
Bericht in der Augsburger „Allgemeinen Zeitung" (19. Dezember 1841) (Auszug)

Wird sich Guizot halten? Heiliger Geist, hierzuland hält sich niemand auf die Länge. Alles wackelt, sogar der Obelisk von Luxor! Das ist keine Hyperbel, sondern buchstäbliche Wahrheit; schon seit mehreren Monaten geht hier die Rede, der Obelisk stehe nicht fest auf seinem Postament, er schwanke zuweilen hin und her, und eines frühen Morgens werde er den Leuten, die eben vorüberwandeln, auf die Köpfe purzeln. Die Ängstlichen suchen schon jetzt, wenn ihr Weg sie über die Place Louis-Quinze führt, sich etwas entfernt zu halten von der fallenden Größe. Die Mutigern lassen sich freilich nicht in ihrem gewöhnlichen Gange stören, weichen keinen Finger breit, können aber doch nicht umhin, im Vorübergehen ein bißchen hinaufzuschielen, ob der große Stein wirklich nicht wackelmütig geworden. Wie dem auch sei, es ist immer schlimm, wenn das Publikum Zweifel hegt über die Festigkeit der Dinge; mit dem Glauben an ihre Dauer schwindet schon ihre beste Stütze: Wird er sich halten? Jedenfalls glaub' ich, daß er sich die nächste Sitzung hindurch halten wird, sowohl der Obelisk als Guizot, der mit jenem eine gewisse Ähnlichkeit hat, z.B. die, daß er ebenfalls nicht auf seinem rechten Platze steht. Ja, sie stehen beide nicht auf ihrem rechten Platz, sie sind herausgerissen aus ihrem Zusammenhang, ungestüm verpflanzt in eine unpassende Nachbarschaft. Jener, der Obelisk, stand einst vor den lotosknäufigen Riesensäulen am Eingang des Tempels von Luxor, welcher wie ein kolossaler Sarg aussieht, und die ausgestorbene Weisheit der Vorwelt, getrocknete Königsleichen, einbalsamierten Tod enthält. Neben ihm stand ein Zwillingsbruder von demselben roten Granit und derselben pyramidarischen Gestalt, und ehe man zu diesen beiden gelangte, schritt man durch zwei Reihen Sphinxe, stumme Rätseltiere, Bestien mit Menschenköpfen, ägyptische Doktrinäre. In der Tat, solche Umgebung war für den Obelisken weit geeigneter als die, welche ihm auf der Place Louis-Quinze zuteil ward, dem modernsten Platz der Welt, dem Platz, wo eigentlich die moderne Zeit angefangen und von der Vergangenheit gewaltsam abgeschnitten wurde mit frevelhaftem Beil. – Zittert und wackelt vielleicht wirklich der große Obelisk, weil es ihm graut, sich auf solchem gottlosen Boden zu befinden, er, der gleichsam ein steinerner Schweizer in Hieroglyphen-Livrée jahrtausendelang Wache hielt vor den heiligen Pforten der Pharaonengräber und des absoluten Mumientums? Jedenfalls steht er dort sehr isoliert, fast komisch isoliert, unter lauter theatralischen Architekturen der Neuzeit, Bildwerken und Rokokogeschmack, Springbrunnen mit vergoldeten Najaden, allegorischen Statuen der französischen Flüsse, deren Piedestal eine Portierloge enthält, in der Mitte zwischen dem Arc de Triomphe, den Tuilerien und der Chambre des Deputés – ungefähr wie der sacerdotal tiefsinnige, ägyptisch steife und schweigsame Guizot zwischen dem imperialistisch rohen Soult, dem merkantilisch flachköpfigen Humann, und dem hohlen Schwätzer Villemain, der halb voltairisch und halb katholisch angestrichen ist und in jedem Fall einen Strich zu viel hat.

Doch laßt uns Guizot beiseite setzen und nur von dem Obelisken reden; es ist ganz wahr, daß man von seinem baldigen Sturze spricht. Es heißt: Im stillen Sonnenbrand am Nil, in seiner heimatlichen Ruhe und Einsamkeit, hätte er noch Jahrtausende aufrecht stehn bleiben können, aber hier in Paris agitierte ihn der beständige Wetterwechsel, die fieberhaft aufreibende, anarchische Atmosphäre, der unaufhörlich wehende feuchtkalte Kleinwind, welcher die Gesundheit weit mehr angreift als der glühende Samum der Wüste; kurz, die Pariser Luft bekomme ihm schlecht. Der eigentliche Rival des Obelisken von Luxor ist noch immer die Colonne Vendome. Steht sie sicher? Ich weiß nicht; aber sie steht auf ihrem rechten Platze, in Harmonie mit ihrer Umgebung. Sie wurzelt treu im nationalen Boden, und wer sich daran hält, hat eine feste Stütze. Eine ganz feste? Nein, hier in Frankreich steht nichts ganz fest. Schon einmal hat der Sturm das Kapital, den eisernen Kapitalmann, von der Spitze der Vendome-

Heinrich Heine (1797–1856) ist einer der wichtigsten deutschen Dichter. Neben seiner Lyrik, die zum ersten Mal die Alltagssprache in die deutsche Dichtung integrierte, schrieb er Reiseberichte und war viele Jahre als politisch engagierter Zeitungskorrespondent in Paris tätig, wo er auch starb.

säule herabgerissen, und im Fall die Kommunisten ans Regiment kämen, dürfte wohl zum zweiten Male dasselbe sich ereignen, wenn nicht gar die radikale Gleichheitsraserei die Säule selbst zu Boden reißt, damit auch dieses Denkmal und Sinnbild der Ruhmsucht von der Erde schwinde; kein Mensch und kein Menschenwerk soll über ein bestimmtes Kommunalmaß hervorragen, und der Baukunst ebensogut wie der epischen Poesie droht der Untergang.

Glossar

Ädikula: Architekturelement in Form eines kleinen stilisierten Hauses oder Gebäudes

Ägina: griechische Insel im Saronischen Golf, 87 km² groß, mit weitreichenden Handelsbeziehungen in der ⇒ archaischen Zeit; heute 13.200 Einwohner

Aischylos: griechischer Tragödiendichter (525–456 v. Chr.), bekannteste Werke: *Die Perser, Sieben gegen Theben*

Akropolis: auf einer Anhöhe errichtete Festung einer altgriechischen Stadt (griech. *akros* = „höchst/e/r", *polis* = „Stadt"), zumeist am höchsten Punkt der Siedlung gelegen

Alexander der Große: makedonischer König (reg. 336–323 v. Chr.) und erfolgreicher Feldherr, der ein Weltreich eroberte, das von Griechenland über Indien bis Ägypten reichte; gründete 331 v. Chr. die Stadt Alexandria; nach seinem Tod in ⇒ Babylon kam es zu Auseinandersetzungen seiner Nachfolger um die Herrschaft, den sog. Diadochenkriegen, die u. a. zum Entstehen des ⇒ Ptolemäer-Reichs führten

Amphitheater: vor allem im Römischen Reich verbreitete Form des Veranstaltungsorts als Rundbau (griech. *amphi* = „ringsum") ohne Dach

Aphaia: archaische griechische Göttin, ursprünglich offenbar von Kreta stammend; ihre Verehrung ist heute nur noch auf ⇒ Ägina nachweisbar

Aphrodite: griechische Göttin der Schönheit und der Liebe; mythischer Geburtsort: Zypern

Aquädukt: römische Wasserleitung (lat. *aqua* = „Wasser", *ducere* = „führen"), die von höher gelegenen Quellen aus, meist im Gebirge, Trinkwasser in römische Städte transportierte; der älteste A. Roms entstand 312 v. Chr.; Vorgänger wurden in Griechenland und Persien gefunden

Archaik: Epoche der griechischen Geschichte und (Bau-)Kunst (ca. 750–500 v. Chr.); Vorbereitung des Wechsels von der Adelsgesellschaft über die ⇒ Tyrannis hin zur attischen Demokratie

Architrav: horizontaler Balken, der auf den Säulen eines Tempels ruht und das Dach stützt

Artemis: griechische Göttin der Jagd; mythischer Geburtsort: Delos

Assuan-Staudamm: zwischen 1960 und 1971 gebauter Damm bei Assuan, der die zuvor alljährliche Nilüberflutung verhindert; dem Bau fielen zahlreiche Monumente der ägyptischen Antike zum Opfer

Attalos II.: König von Pergamon (reg. 159–138 v. Chr.) und Gründer der modernen Stadt Antalya, aus dem Geschlecht der Attaliden, Nachfolgern ⇒ Alexanders des Großen

Augustus: erster römischer Kaiser (reg. 27 v. Chr.–14 n. Chr.), Geburtsname Gaius Octavius; als Erbe ⇒ Caesars nach Beseitigung seiner Rivalen (u. a. ⇒ Marcus Antonius) früh zum Alleinherrscher über Rom aufgestiegen; unter ihm herrschte erstmals seit Langem Frieden im Römischen Reich

Babylon: Stadt am Euphrat, Hauptstadt des Königreichs Babylonien, gegründet wahrscheinlich im 3. Jahrtausend v. Chr., Blütezeit: 12.–6. Jh. v. Chr.; von ⇒ Alexander dem Großen erobert, der hier auch verstarb

Bacchus: römischer Gott (griechische Entsprechung: ⇒ Dionysos)

Caesar: Gaius Iulius Caesar, römischer Politiker und Feldherr (100–44 v. Chr.), eroberte Gallien und Britannien; nach der Rückkehr von seinem Gallienfeldzug verursachte er einen Bürgerkrieg; schwang sich zum Diktator Roms auf, bis er von Republik-Anhängern ermordet wurde

Caracalla: römischer Kaiser (reg. 211–217 n. Chr.), Sohn des ⇒ Septimius Severus; in der Literatur überwiegend negativ beurteilt; regierte zunächst zusammen mit seinem Bruder Geta, bis er diesen und viele von dessen Anhängern ermorden ließ

Cella: geschlossener Innenraum eines Tempels ohne Fenster, in dem ein Kultbild des Gottes stand, dem der Tempel geweiht war

Cheops: ägyptischer Pharao (reg. ca. 2620–ca. 2580 v. Chr.), genoss noch nach seinem Tod lange Zeit große Verehrung in Ägypten

Chephren: ägyptischer Pharao (reg. ca. 2570–ca. 2530 v. Chr.), Sohn des ⇒ Cheops; eventuell ließ er in Gizeh die berühmte Sphinx errichten

Circus: auch Hippodrom (griech. *hippos* = „Pferd", *dromos* = „Lauf"), Veranstaltungsort im alten Rom, wo vor allem Pferderennen stattfanden; längliche Form mit einem Streifen in der Mitte zur Unterteilung der Rennbahn, in späterer Zeit mit zwei Obelisken, die als Wendemarken dienten; im gesamten Römischen Reich verbreitet

Concordia: römische Göttin der Eintracht (ohne griechische Entsprechung)

Deukalion: mythischer Regionalkönig in Griechenland, der zusammen mit seiner Frau eine Sintflut überlebte und das Menschengeschlecht aus Steinen neu erschuf

Dionysos: griechischer Gott der Sinnesfreuden und des Weins; die ihm zu Ehren in Griechenland gefeierten Dionysien mit Umzügen, Musik und Theateraufführungen waren eines der zentralen griechischen Feste

Domitian: römischer Kaiser (reg. 81–96 n. Chr.), wenig beliebt; baute die Grenzbefestigungen aus und führte eine Neubewertung der römischen Währung durch; starb durch ein Attentat

Dorisch: griechischer Baustil (ab 7. Jh. v. Chr.) mit klaren und wuchtigen Formen, die Säulen haben ⇒ Kapitelle ohne Verzierungen

Euripides: griechischer Tragödiendichter (ca. 485–406 v. Chr.), bekannteste Werke: *Medea, Die Bakchen*

Fries: verzierter Streifen am Tempel oberhalb des ⇒ Architravs

Hadrian: römischer Kaiser (reg. 117–138 n. Chr.), reiste durch das gesamte Reich und verewigte sich durch zahlreiche berühmte Bauten in Italien und Athen, die der Architekturbegeisterte wahrscheinlich selbst entwarf

Hera: griechische Göttin der Ehe; Ehefrau und Schwester des ⇒ Zeus; mythischer Geburtsort: Samos

Herakles: griechischer Halbgott (römisch: Hercules), Sohn des ⇒ Zeus und Nationalheld Griechenlands; erledigte zwölf ihm aufgetragene eigentlich unlösbare Arbeiten durch Schläue und Stärke

Herodes I.: in der Provinz Iudaea eingesetzter römischer Klientelkönig (reg. 40–7 v. Chr.), schuf in seinem Reich zahlreiche prachtvolle Bauten; als Hasmonäer war er kein gebürtiger Jude

Horus: ägyptischer Gott des Himmels, des Lichts und der Kinder; Sohn von ⇒ Isis und ⇒ Osiris; als Falke dargestellt

Ionisch: griechischer Baustil (ab 6. Jh. v. Chr.), die gegenüber dem ⇒ dorischen Stil schlankeren Säulen haben ⇒ Kapitelle mit Voluten (schneckenförmigen Verzierungen)

Isis: ägyptische Göttin u. a. der Liebe, Ehefrau und Schwester des ⇒ Osiris, als ideale Mutter verehrt

Jüdischer Krieg: Aufstand der Bewohner der Provinz Iudaea gegen die Herrschaft der Römer ab 66 n. Chr.; unter dem Oberbefehl von ⇒ Titus 70 n. Chr. blutig niedergeschlagen, aber erst mit der Einnahme der Festung Masada vollständig beendet

Juno: römische Göttin (griechische Entsprechung: ⇒ Hera)

Jupiter: römischer Gott (griechische Entsprechung: ⇒ Zeus)

Kapitell: oberstes Glied einer Säule, ab dem ⇒ ionischen Stil mit Verzierungen

Klassik: Epoche der griechischen Geschichte und (Bau-)Kunst, rund 500–330 v. Chr.; in dieser Zeit war Athen das geistig-kulturelle und politische Zentrum des Mittelmeerraums

Kleinasien: antike Bezeichnung für Anatolien, den asiatischen Teil der heutigen Türkei (lat. Asia minor); ab dem 7. Jh. v. Chr. von den Griechen besiedelt, später teilweise von den Persern und danach von ⇒ Alexander dem Großen erobert

Kleopatra VII.: Königin über Ägypten (reg. 51–30 v. Chr.), letzte Vertreterin der ⇒ Ptolemäer; beim Volk beliebt, Erste ihrer Dynastie, die Ägyptisch sprach; Geliebte zuerst von ⇒ Caesar, dann von ⇒ Marcus Antonius; starb nach Eroberung Alexandrias durch ⇒ Augustus durch Selbstmord

Konstantin I.: römischer Kaiser (reg. 306–337 n. Chr.), Sohn des ⇒ Tetrarchen Constantius, schlug 312 den Usurpator ⇒ Maxentius und wurde Alleinherrscher des Römischen Reichs; früher Förderer des Christentums, auch wenn unklar ist, wie er selbst zum christlichen Glauben stand; nach ihm wurde Byzanz in Konstantinopel umbenannt

Korinthisch: griechischer Baustil (ab 5. Jh. v. Chr.), die schlanken Säulen haben ⇒ Kapitelle mit stilisierten Blättern der Akanthuspflanze als Verzierung

Kronos: griechischer Gott; Vater von ⇒ Zeus und oberster ⇒ Titan

Marcus Antonius: römischer Politiker (ca. 83–30 v. Chr.), Weggefährte ⇒ Caesars, später erst Kollege, dann Rivale des ⇒ Augustus und Liebhaber der ⇒ Kleopatra; starb in Alexandria durch Selbstmord

Mausolos: persischer Statthalter in Karien, der heutigen Südwesttürkei (reg. 377–353 v. Chr.); unter ihm wurde Halikarnassos (Bodrum) zur prunkvollen neuen Hauptstadt der Region

Maxentius: römischer Kaiser (reg. 306–312 n. Chr.), ergriff nach dem Tod seines Vaters, des ⇒ Tetrarchen Maximian, die Herrschaft in Rom, obgleich ⇒ Konstantin das Anrecht auf den Thron hatte

Merkur: römischer Gott der Händler und Diebe, zugleich Götterbote (griechische Entsprechung: Hermes); Namensgeber des Wochentags Mittwoch in den romanischen Sprachen

Minos: mythischer König von Kreta mit Sitz im Palast von Knossos; Sohn von ⇒ Zeus und Europa; nach ihm benannte man die frühe kretische Kultur der Bronzezeit „minoisch"

Monolith: aus einem einzigen Stück Gestein (griech. *monos* = „allein", *lithos* = „Stein") bestehender behauener oder Naturstein

Nebukadnezar II.: König von Babylonien (reg. 605–562 v. Chr.), sorgte für eine starke Expansion des babylonischen Reichs; nach biblischen Quellen wurde unter ihm auch Jerusalem erobert und seine Bewohner nach ⇒ Babylon verschleppt

Orchestra: „Tanzplatz", der runde Platz in der Mitte eines antiken Theaters; dort trat der Chor auf, der das Geschehen im Drama kommentierte

Osiris: ägyptischer Gott u. a. der Reinkarnation; Ehemann und Bruder der ⇒ Isis; unter den ⇒ Ptolemäern zum Hauptgott aufgestiegen

Pantheon: antiker Tempel, der allen Göttern gleichzeitig geweiht war (griech. *pan* = „alle, ganz", *theos* = „Gott")

Peloponnesischer Krieg: Krieg zwischen Athen und Sparta mit den jeweiligen Alliierten (431–404 v. Chr.), mit Unterbrechung u. a. 421–414 v. Chr. („Nikiasfrieden") durch Waffenstillstand; am Ende unterlag Athen

Perikles: bedeutendster attischer Staatsmann (ca. 490–429 v. Chr.), sicherte Athen die Herrschaft über große Teile des Mittelmeers und ließ mehrere Bauten auf der Athener ⇒ Akropolis errichten

Portikus: Sonderform der ⇒ Stoa mit geradem Gebälk, nur zu einer Seite hin offen, vor allem in der römischen Architektur verwendet, u. a. als Gebäudevorbau

Ptolemäer: Herrschergeschlecht, das auf Ptolemaios I., General und Teilnachfolger ⇒ Alexanders des Großen zurückgeht; herrschte 323–30 v. Chr. in Ägypten, mit Sitz in Alexandria

Ramses II.: ägyptischer Pharao (reg. ca. 1303–1213 v. Chr.), führte Ägypten zu nie gekannter wirtschaftlicher und kultureller Blüte

Salomon: König von Israel (10. Jh. v. Chr.), biblischer Sohn Davids; führte Jerusalem zu erster Blüte und Pracht

Sasaniden: persische Dynastie, die in der ⇒ Spätantike über ein Reich herrschte, das von Kleinasien bis Indien reichte

Saturn: römischer Gott (griechische Entsprechung: ⇒ Kronos)

Septimius Severus: römischer Kaiser (reg. 193–211 n. Chr.); erfolgreicher Feldherr, aber innenpolitisch umstritten, da er die geringe Macht des Senats weiter einschränkte

Skene: Bühnenhaus eines antiken Theaters, diente als Kulisse und Bühnenbild; vor ihr traten die Schauspieler auf

Sophokles: griechischer Tragödiendichter (ca. 497–ca. 406 v. Chr.), bekannteste Werke: *Antigone*, *König Ödipus*

Spätantike: Epoche des Übergangs von der Antike zum Mittelalter; je nach Definition zumeist 3.–6. Jh. n. Chr.

Stoa: in der Architektur eine Halle, die an den Längsseiten mit Säulen abgeschlossen ist; eine Sonderform ist die ⇒ Portikus

Stylobat: oberste Platte eines aus mehreren Platten bestehenden Tempelfundaments, auf der die Säulen stehen

Telephos: mythischer König von Mysien in ⇒ Kleinasien; Sohn des Herakles und der Athene-Priesterin Auge; im Zusammenhang mit dem Trojanischen Krieg von Achilleus verwundet

Tetrarchie: Vierer-Herrschaft (griech. *tetra* = „vier", *archein* = „herrschen") über das Römische Reich 293–305 n. Chr.; zwei Augusti (Maximian im Westen, Diokletian im Osten) und zwei Caesares (Constantius Chlorus im Westen, Galerius im Osten) teilten sich die Macht im unruhigen Imperium

Thermen: römisches Bad mit Warm- und Kaltwasserbecken sowie (bei größeren Anlagen) diversen Freizeiteinrichtungen ; vor allem in den Provinzen oft in Verbindung mit Thermalquellen

Titanen: mächtige Gottheiten des „Goldenen Zeitalters" in Riesengestalt; Kinder von Gaia („Erde") und Uranos („Himmel"), die vor den olympischen Göttern die Welt regierten

Titus: römischer Kaiser (reg. 79–81 n. Chr.); Sohn des Kaisers ⇒ Vespasian; schon vor der Inthronisierung erfolgreicher Feldherr, der den ⇒ Jüdischen Krieg beendete

Traian: römischer Kaiser (reg. 98–117 n. Chr.); beliebter und sehr positiv bewerteter Herrscher; unter ihm erreichte das Römische Reich die größte Ausdehnung seiner Geschichte

Triumphbogen: Ehrenmal für einen römischen Kaiser oder einen siegriechen Feldherrn, in Form eines Tors mit einem oder mehreren Torbögen

Tyrann: Herrscher eines griechischen Stadtstaats (vor allem im 7./6. Jh.), der sich widerrechtlich die Macht angeeignet hat

Vespasian: römischer Kaiser (reg. 69–79 n. Chr.), setzte sich gegen mehrere Rivalen als Kaiser durch und sorgte für eine Stabilisierung des Reichs

Zeus: mächtigster griechischer Gott; Göttervater und Herrscher des Göttersitzes Olymp („olympischer Zeus"); Sohn der ⇒ Titanen ⇒ Kronos und Rhea

Zweite Republik: Übergangszeit (1848–1852) in der französischen Geschichte zwischen der Julimonarchie und dem zweiten Kaiserreich, nach der bürgerlich-demokratischen Revolution durch liberale Kräfte eingerichtet

Literaturhinweise

Dieter Arnold: Lexikon der ägyptischen Baukunst, Mannheim 2000

Kai Brodersen: Die Sieben Weltwunder. Legendäre Kunst- und Bauwerke der Antike, München 72006

Peter A. Clayton, Martin J. Price (Hrsg.): Die Sieben Weltwunder, Leipzig 2000

Janina K. Darling: Architecture of Greece, Westport 2004

Klaus Stefan Freyberger: Das Forum Romanum. Spiegel der Stadtgeschichte des antiken Rom, Mainz 2009

Pierre Gros: Gallia Narbonensis. Eine römische Provinz in Südfrankreich, Mainz 2008

Thomas Harrison (Hrsg.): Imperien der Antike, Mainz 2008

Henner von Hesberg: Römische Baukunst, München 2005

Christoph Höcker: Reclams Städteführer Rom. Architektur und Kunst, Stuttgart 2012

Heiner Knell: Architektur der Griechen. Grundzüge, Darmstadt 1988

Ders.: Des Kaisers neue Bauten. Hadrians Architektur in Rom, Athen und Tivoli, Mainz 2008

Max Kunze (Hrsg.): Die Sieben Weltwunder der Antike. Wege der Wiedergewinnung aus sechs Jahrhunderten, Mainz 2003

Hans Lauter: Die Architektur des Hellenismus, Darmstadt 1986

Mark Lehner: Das erste Welt-Wunder. Die Geheimnisse der ägyptischen Pyramiden, Düsseldorf 1997

S. Moorhead, D. Stuttard: 31 vor Christus. Antonius, Kleopatra und der Fall Ägyptens, Stuttgart 2012

Wolfgang Müller-Wiener: Griechisches Bauwesen in der Antike, München 1988

Francesca A. Ossorio: Felsenstadt Petra. Zentrum des nabatäischen Reiches, Wiesbaden 2009

Hermann A. Schlögl: Das Alte Ägypten. Geschichte und Kultur von der Frühzeit bis zu Kleopatra, München 2006

Patrick Schollmeyer: Römische Tempel. Kult und Architektur im Imperium Romanum, Darmstadt 2008

Ulrich Sinn: Athen. Geschichte und Archäologie, München 2004

Holger Sonnabend: Die Grenzen der Welt. Geographische Vorstellungen der Antike, Frankfurt/Main 2007

Staatliche Museen zu Berlin (Hrsg.): Vorderasiatisches Museum Berlin. Geschichte und Geschichten zum hundertjährigen Bestehen, Berlin 2000

Rainer Stadelmann: Die ägyptischen Pyramiden. Vom Ziegelbau zum Weltwunder, Mainz ²1991

Renate Tölle-Kastenbein: Antike Wasserkultur, München 1990

Walter Trillmich, Theodor Hauschild, Michael Blech: Hispania antiqua. Denkmäler der Römerzeit, Mainz 1993

Jonathan N. Tubb: Völker im Lande Kanaan, Stuttgart 2005

Miroslav Verner: Die Pyramiden, Reinbek 1999

Quellennachweis

Angegeben ist die jeweils verwendete Ausgabe des Textes. Die Abkürzungen antiker Werke folgt der Abkürzungsliste des Neuen Pauly.

Vorwort: Plinius nat. 34.18

Spanien und Südfrankreich: W. F. A. Zimmermann, Der Mensch, die Räthsel und Wunder seiner Natur. Ursprung und Urgeschichte seines Geschlechts, Bd. 3, Berlin 1871, S. 541

Brücke von Alcántara: Ludwig Lohde, Franz Kugler, Jacob Burckhardt (Hrsg.), Jules Gailhabaud's Denkmäler der Baukunst, Bd. 1, Hamburg/Leipzig 1852, S. 464 f.

Maison Carrée, Nîmes: Alphonse Daudet, Die wunderbaren Abenteuer des Tartarin von Tarascon (1872), übersetzt von Adolf Gerstmann, Dachau 1913, S. 44 f.

Aqüeducte de les Ferreres, Tarragona: Joseph Townsend, Reise durch Spanien in den Jahren 1786 und 1787, übersetzt von J. J. Volkmann, Bd. 2, Leipzig 1792, S. 405 ff.

Pont du Gard, Vers-Pont-du-Gard: Jean Jacques Rousseau: Rousseau's Bekenntnisse, übersetzt von Hermann Denhardt, Bd. 1, Leipzig 1882, S. 325 f.

Italien: Ernst Eckstein, Nero. Ein Roman, Berlin 1912, S. 211 ff.

Concordiatempel, Agrigent: Ferdinand Gregorovius, Wanderjahre in Italien, Dresden 1925, S. 1051 ff.

Olympieion, Agrigent: Brief Goethe an Leo von Klenze, 3. Mai 1828; Goethe, Wa. A., Bd. 49, I, S. 387 f.

Caracallathermen, Rom: Émile Zola: Rom, übersetzt von Adele Berger, Stuttgart 1900, S. 145 f.

Circus Maximus, Rom: Lewis Wallace, Ben Hur. Eine Erzählung aus der Zeit Christi. Neu bearbeitet von Wilhelm Cremer, Berlin 1906, S. 374 f.

Engelsburg, Rom: Friedrich von Oppeln-Bronikowski, Schlüssel und Schwert. Ein Papstleben aus dem Cinquecento, Berlin 1929, S. 101 f.

Kolosseum, Rom: Martial, de spectaculis 2.5 ff.; Jean Paul, Titan. Dritter Band. Siebenundzwanzigste Jobelperiode. 104. Zykel, in: Sämtliche Werke 23, 5. Lieferung, 3. Band, Berlin 1827, S. 85 f.

Konstantinsbogen, Rom: Johann Joachim Winckelmann, Gedanken über Kunstwerke, in: Johann Winckelmanns sämtliche Werke, Bd. 12, Donaueschingen 1829, S. 42 f.

Mausoleum des Augustus, Rom: Strabon, Geogr. 5.3.8

Traianssäule, Rom: Anastasius Grün, Gesammelte Werke, Bd. 2, Berlin 1907, S. 245 ff.

Pantheon, Rom: Ludwig Tieck, Geschichte, Bd.3, Dresden 1823, S. 157 f.

Saturntempel, Rom: Lukan 3.114 ff.

Titusbogen, Rom: Ferdinand Gregorovius, Wanderjahre in Italien, Leipzig 1864, S. 87 ff.

Theater von Taormina: Johann Wolfgang von Goethe, Italienische Reise, in: Heinrich Kurz (Hrsg.), Goethes Werke, Bd. 10, Hildburghausen 1870, S. 254 f.

Villa des Hadrian, Tivoli: Ludwig Richter, Lebenserinnerungen eines deutschen Malers, Leipzig 1909, S. 173 ff.

Griechenland: Max Dauthendey, Gedankengut aus meinen Wanderjahren, München 1913, S. 300

Tempel der Aphaia, Ägina: Ludwig von Urlichs, Die Glyptothek seiner Majestät des Königs Ludwig I. von Bayern. Nach ihrer Geschichte und ihrem Bestande, München 1867, S. 105

Dionysostheater, Athen: Robert Hamerling, Aspasia. Ein Künstler- und Liebesroman aus Alt-Hellas, Leipzig 1910, S. 297 f.

Erechtheion, Athen: Hugo von Hofmannsthal, Augenblicke in Griechenland, in: Gesammelte Werke, Frankfurt/Main 1955, Bd. 14, S. 156 f.

Hadriansbibliothek, Athen: Pausanias 1.18.6 ff.

Olympieion, Athen: Hermann Hettner, Griechische Reiseskizzen, Braunschweig 1853, S. 33

Parthenon, Athen: Samuel Ludvigh, Ludvigh's Reise nach Griechenland. Über Triest nach Patras, Corinth, Sparta, Athen, Syra, Patras und Naxos 1835, New York 1845, Bd. 2, S. 115 f.

Stoa des Attalos, Athen: Ferdinand Gregorovius, Geschichte der Stadt Athen im Mittelalter. Von der Zeit Justinians bis zur türkischen Eroberung, in: Athen und Athenais. Schicksale einer Stadt und einer Kaiserin im Byzantinischen Mittelalter, Dresden 1927, S. 57 f.

Theater von Epidauros: Leo von Klenze, Aphoristische Bemerkungen gesammelt auf seiner Reise nach Griechenland, Berlin 1838, S. 146 ff.

Palast von Knossos, Kreta: Theodor Däubler, Die Göttin mit der Fackel. Roman einer kleinen Reise, Berlin 1931, S. 120 ff.

Zeustempel, Olympia: Rudolf Stratz, Die törichte Jungfrau, Stuttgart 1901, 265 ff.

Koloss von Rhodos: Julius Stinde, Frau Buchholz im Orient, Berlin 1893, S. 199 f.

Heraion, Samos: Pausanias 7.4.4 f.

Türkei: Karl Friedrich Becker, Erzählungen aus der alten Welt für die Jugend, Bd. 3, Halle 1857, S. 84

Grabmal des Mausolos, Bodrum: Strabon, Geogr. 14.2.16 ff.

Apollontempel, Didyma: Pausanias 7.2.5 f.

Artemistempel, Ephesos: Apg 19.23 ff. (Elberfelder Übersetzung 1905)

Theodosianische Mauer, Istanbul: Edward Gibbon: Verfall und Untergang des Römischen Reiches, übersetzt von Karl Gottfried Schreiter, Bd. 4, Frankfurt/Leipzig 1802, S. 23 ff.

Naher Osten: Ida Gräfin von Hahn-Hahn, Orientalische Briefe, Bd. 2, Berlin 1844, S. 27 f.

Jupitertempel, Baalbek: Karl May, Von Bagdad nach Stambul, Radebeul 1930, S. 106 ff.

Hängende Gärten, Babylon: Ludwig Tieck, Des Lebens Überfluss, in: Urania. Taschenbuch auf das Jahr 1839, Leipzig 1838, S. 47 ff.

Ischtar-Tor, Berlin: Anthologia Palatina 9.58

Pergamonaltar, Berlin: Theodor Fontane, Der Stechlin, Berlin 1899, S. 376 f.

Theater von Bosra: Gustav Adolph von Klöden, Handbuch der Länder- und Staatenkunde von Asien, Australien, Afrika und Amerika, Berlin 1869, S. 367 f.

Tempel des Salomon, Jerusalem: 1 Kön 5,15-6,38 (Lutherübersetzung)

Tempel des Herodes, Jerusalem: Theodor Mommsen, Römische Geschichte, Bd. 8, Frankfurt am Main 1885, S. 505 ff.

Festung von Masada: Flavius Josephus, bell. Iud. 7.7.275 ff.

Schatzhaus des Pharao, Petra: Franz Kugler, Geschichte der Baukunst, Bd. 1, Stuttgart 1856, S. 336 f.

Ägypten: René Schickele, Trimpopp und Manasse, in: Werke in drei Bänden, Bd. 2, Köln 1959, S. 1125

Tempel Ramses' II., Abu Simbel: Willy Seidel, Die Himmel der Farbigen, München 1930, S. 115 f.

Bibliothek von Alexandria: Victor Auburtin, Sündenfälle. Feuilletons, München 1970, S. 20

Leuchtturm von Pharos, Alexandria: Alfred Schirokauer, Kleopatra, Berlin 1932, S. 305 ff.

Horustempel, Edfu: Kronprinz Rudolf von Österreich, Eine Orientreise vom Jahre 1881, Wien 1885, S. 118 f.

Pyramiden von Gizeh: Aus: Edgar Wallace, Der Redner, übersetzt von Ravi Ravendro, Leipzig 1932, S. 151 ff.

Obelisk von Luxor, Paris: Heinrich Heine, Lutetia. Berichte über Politik, Kunst und Volksleben, in: Heinrich Heines sämtliche Werke. Vermischte Schriften, Mannheim 1898, S. 284 ff.

Abbildungsnachweis

Titelbild: Thermos, Wikimedia Commons, lizensiert unter Creative Commons Attribution-Share Alike 2.5 Generic, http://creativecommons.org/licenses/by-sa/2.5/legalcode

Frontispiz: Villa des Hadrian, Tivoli, Archiv Ralf Asmus

S. 8, 9: Zeichnung Mag.art Amira Smadi

S. 16: Dantla, Wikimedia Commons, lizensiert unter GNU Free Documentation License Version 1.2 (Lizenztext siehe Anhang), http://en.wikipedia.org/wiki/File:Bridge_Alcantara.JPG

S. 19: Danichou, Wikimedia Commons, gemeinfrei

S. 22: Mario Modesto Mata, Wikimedia Commons, lizensiert unter Creative Commons Attribution-Share Alike 2.0 Generic, http://creativecommons.org/licenses/by-sa/2.0/legalcode

S. 25: Pont du Gard, Archiv Ralf Asmus

S. 30: pixelfehler, Wikimedia Commons, lizensiert unter Creative Commons-Lizenz Namensnennung-Weitergabe unter gleichen Bedingungen 2.5 US-amerikanisch (nicht portiert), http://creativecommons.org/licenses/by-sa/2.5/legalcode

S. 120: Artemision, Ephesos, akg/Bildarchiv Steffens

S. 123: Josep Renalias, Wikimedia Commons, lizensiert unter Creative Commons Reconeixement i Compartir Igual 3.0 No adaptada, http://creativecommons.org/licenses/by-sa/3.0/legalcode

S. 128: Guillaume Piolle, Wikimedia Commons, lizensiert unter Creative Commons Attribution 3.0 Unported, http://creativecommons.org/licenses/by/3.0/legalcode

S. 131: Hängende Gärten der Semiramis, Babylon, akg-images

S. 134: Ischtar-Tor, Babylon, akg/Bildarchiv Steffens

S. 137: Pergamonaltar, bpk/Hans Christian Krass

S. 141: Ergo, Wikimedia Commons, lizensiert unter Creative Commons Attribution 2.0 Generic, http://creativecommons.org/licenses/by/2.0/legalcode

S. 144: Wikimedia Commons, gemeinfrei

S. 148: Ariely, Wikimedia Commons, lizensiert unter Creative Commons Attribution 3.0 Unported, http://creativecommons.org/licenses/by/3.0/legalcode

S. 151: Masada, Archiv Dinu Mendrea

S. 155: John Thomas, Wikimedia Commons, lizensiert unter Creative Commons Attribution 2.0 Generic, http://creativecommons.org/licenses/by/2.0/legalcode

S. 160: Tempel Ramses II., Abu Simbel, Archiv Ralf Asmus

S. 163: Carsten Whimster, Wikimedia Commons, lizensiert unter Creative Commons Attribution 3.0 Unported, http://creativecommons.org/licenses/by/3.0/legalcode

S. 166: peacay, Flickr, lizensiert unter Creative Commons Attribution 2.0, http://creativecommons.org/licenses/by/2.0/legalcode

S. 170: Olaf Tausch, Wikimedia Commons, lizensiert unter Creative Commons-Lizenz Namensnennung 3.0 Unported, http://creativecommons.org/licenses/by/3.0/legalcode

S. 173: Ricardo Liberato, Wikimedia Commons, lizensiert unter Creative Commons Attribution-Share Alike 2.0 Generic license, http://creativecommons.org/licenses/by-sa/2.0/legalcode

S. 176: David Monniaux, Wikimedia Commons, lizensiert unter Creative Commons Attribution 3.0 Generic, http://creativecommons.org/licenses/by-sa/3.0/legalcode

Anhang:

0. PREAMBLE

The purpose of this License is to make a manual, textbook, or other functional and useful document „free" in the sense of freedom: to assure everyone the effective freedom to copy and redistribute it, with or without modifying it, either commercially or noncommercially. Secondarily, this License preserves for the author and publisher a way to get credit for their work, while not being considered responsible for modifications made by others.

This License is a kind of „copyleft", which means that derivative works of the document must themselves be free in the same sense. It complements the GNU General Public License, which is a copyleft license designed for free software.

We have designed this License in order to use it for manuals for free software, because free software needs free documentation: a free program should come with manuals providing the same freedoms that the software does. But this License is not limited to software manuals; it can be used for any textual work, regardless of subject matter or whether it is published as a printed book. We recommend this License principally for works whose purpose is instruction or reference.

1. APPLICABILITY AND DEFINITIONS

This License applies to any manual or other work, in any medium, that contains a notice placed by the copyright holder saying it can be distributed under the terms of this License. Such a notice grants a world-wide, royalty-free license, unlimited in duration, to use that work under the conditions stated herein. The „Document", below, refers to any such manual or work. Any member of the public is a licensee, and is addressed as „you". You accept the license if you copy, modify or distribute the work in a way requiring permission under copyright law.

A „Modified Version" of the Document means any work containing the Document or a portion of it, either copied verbatim, or with modifications and/or translated into another language.

A „Secondary Section" is a named appendix or a front-matter section of the Document that deals exclusively with the relationship of the publishers or authors of the Document to the Document's overall subject (or to related matters) and contains nothing that could fall directly within that overall subject. (Thus, if the Document is in part a textbook of mathematics, a Secondary Section may not explain any mathematics.) The relationship could be a matter of historical connection with the subject or with related matters, or of legal, commercial, philosophical, ethical or political position regarding them.

The „Invariant Sections" are certain Secondary Sections whose titles are designated, as being those of Invariant Sections, in the notice that says that the Document is released under this License. If a section does not fit the above definition of Secondary then it is not allowed to be designated as Invariant. The Document may contain zero Invariant Sections. If the Document does not identify any Invariant Sections then there are none.

The „Cover Texts" are certain short passages of text that are listed, as Front-Cover Texts or Back-Cover Texts, in the notice that says that the Document is released under this License. A Front-Cover Text may be at most 5 words, and a Back-Cover Text may be at most 25 words.

A „Transparent" copy of the Document means a machine-readable copy, represented in a format whose specification is available to the general public, that is suitable for revising the document straightforwardly with generic text editors or (for images composed of pixels) generic paint programs or (for drawings) some widely available drawing editor, and that is suitable for input to text formatters or for automatic translation to a variety of formats suitable for input to text formatters. A copy made in an otherwise Transparent file format whose markup, or absence of markup, has been arranged to thwart or discourage subsequent modification by readers is not Transparent. An image format is not Transparent if used for any substantial amount of text. A copy that is not „Transparent" is called „Opaque".

Examples of suitable formats for Transparent copies include plain ASCII without markup, Texinfo input format, LaTeX input format, SGML or XML using a publicly available DTD, and standard-conforming simple HTML, PostScript or PDF designed for human modification. Examples of transparent image formats include PNG, XCF and JPG. Opaque formats include proprietary formats that can be read and edited only by proprietary word processors, SGML or XML for which the DTD and/or processing tools are not generally available, and the machine-generated HTML, PostScript or PDF produced by some word processors for output purposes only.

The „Title Page" means, for a printed book, the title page itself, plus such following pages as are needed to hold, legibly, the material this License requires to appear in the title page. For works in formats which do not have any title page as such, „Title Page" means the text near the most prominent appearance of the work's title, preceding the beginning of the body of the text.

The „publisher" means any person or entity that distributes copies of the Document to the public.

A section „Entitled XYZ" means a named subunit of the Document whose title either is precisely XYZ or contains XYZ in parentheses following text that translates XYZ in another language. (Here XYZ stands for a specific section name mentioned below, such as „Acknowledgements", „Dedications", „Endorsements", or „History".) To „Preserve the Title" of such a section when you modify the Document means that it remains a section „Entitled XYZ" according to this definition.

The Document may include Warranty Disclaimers next to the notice which states that this License applies to the Document. These Warranty Disclaimers are considered to be included by reference in this License, but only as regards disclaiming warranties: any other implication that these Warranty Disclaimers may have is void and has no effect on the meaning of this License.

2. VERBATIM COPYING

You may copy and distribute the Document in any medium, either commercially or noncommercially, provided that this License, the copyright notices, and the license notice saying this License applies to the Document are reproduced in all copies, and that you add no other conditions whatsoever to those of this License. You may not use technical measures to obstruct or control the reading or further copying of the copies you make or distribute. However, you may accept compensation in exchange for copies. If you distribute a large enough number of copies you must also follow the conditions in section 3.

You may also lend copies, under the same conditions stated above, and you may publicly display copies.

3. COPYING IN QUANTITY

If you publish printed copies (or copies in media that commonly have printed covers) of the Document, numbering more than 100, and the Document's license notice requires Cover Texts, you must enclose the copies in covers that carry, clearly and legibly, all these Cover Texts: Front-Cover Texts on the front cover, and Back-Cover Texts on the back cover. Both covers must also clearly and legibly identify you as the publisher of these copies. The front cover must present the full title with all words of the title equally prominent and visible. You may add other material on the covers in addition. Copying with changes limited to the covers, as long as they preserve the title of the Document and satisfy these conditions, can be treated as verbatim copying in other respects.

If the required texts for either cover are too voluminous to fit legibly, you should put the first ones listed (as many as fit reasonably) on the actual cover, and continue the rest onto adjacent pages.

If you publish or distribute Opaque copies of the Document numbering more than 100, you must either include a machine-readable Transparent copy along with each Opaque copy, or state in or with each Opaque copy a computer-network location from which the general network-using public has access to download using public-standard network protocols a complete Transparent copy of the Document, free of added material. If you use the latter option, you must take reasonably prudent steps, when you begin distribution of Opaque copies in quantity, to ensure that this Transparent copy will remain thus accessible at the stated location until at least one year after the last time you distribute an Opaque copy (directly or through your agents or retailers) of that edition to the public.

It is requested, but not required, that you contact the authors of the Document well before redistributing any large number of copies, to give them a chance to provide you with an updated version of the Document.

4. MODIFICATIONS

You may copy and distribute a Modified Version of the Document under the conditions of sections 2 and 3 above, provided that you release the Modified Version under precisely this License, with the Modified Version filling the role of the Document, thus licensing distribution and modification of the Modified Version to whoever possesses a copy of it. In addition, you must do these things in the Modified Version:

• A. Use in the Title Page (and on the covers, if any) a title distinct from that of the Document, and from those of previous versions (which should, if there were any, be listed in the History section of the Document). You may use the same title as a previous version if the original publisher of that version gives permission.

• B. List on the Title Page, as authors, one or more persons or entities responsible for authorship of the modifications in the Modified Version, together with at least five of the principal authors of the Document (all of its principal authors, if it has fewer than five), unless they release you from this requirement.

• C. State on the Title page the name of the publisher of the Modified Version, as the publisher.

• D. Preserve all the copyright notices of the Document.

•E. Add an appropriate copyright notice for your modifications adjacent to the other copyright notices.

• F. Include, immediately after the copyright notices, a license notice giving the public permission to use the Modified Version under the terms of this License, in the form shown in the Addendum below.

• G. Preserve in that license notice the full lists of Invariant Sections and required Cover Texts given in the Document's license notice.

• H. Include an unaltered copy of this License.

•I. Preserve the section Entitled „History", Preserve its Title, and add to it an item stating at least the title, year, new authors, and publisher of the Modified Version as given on the Title Page. If there is no section Entitled „History" in the Document, create one stating the title, year, authors, and publisher of the Document as given on its Title Page, then add an item describing the Modified Version as stated in the previous sentence.

• J. Preserve the network location, if any, given in the Document for public access to a Transparent copy of the Document, and likewise the network locations given in the Document for previous versions it was based on. These may be placed in the „History" section. You may omit a network location for a work that was published at least four years before the Document itself, or if the original publisher of the version it refers to gives permission.

• K. For any section Entitled „Acknowledgements" or „Dedications", Preserve the Title of the section, and preserve in the section all the substance and tone of each of the contributor acknowledgements and/or dedications given therein.

• L. Preserve all the Invariant Sections of the Document, unaltered in their text and in their titles. Section numbers or the equivalent are not considered part of the section titles.

• M. Delete any section Entitled „Endorsements". Such a section may not be included in the Modified Version.

• N. Do not retitle any existing section to be Entitled „Endorsements" or to conflict in title with any Invariant Section.

• O. Preserve any Warranty Disclaimers.

If the Modified Version includes new front-matter sections or appendices that qualify as Secondary Sections and contain no material copied from the Document, you may at your option designate some or all of these sections as invariant. To do this, add their titles to the list of Invariant Sections in the Modified Version's license notice. These titles must be distinct from any other section titles.

You may add a section Entitled „Endorsements", provided it contains nothing but endorsements of your Modified Version by various parties—for example, statements of peer review or that the text has been approved by an organization as the authoritative definition of a standard.

You may add a passage of up to five words as a Front-Cover Text, and a passage of up to 25 words as a Back-Cover Text, to the end of the list of Cover Texts in the Modified Version. Only one passage of Front-Cover Text and one of Back-Cover Text may be added by (or through arrangements made by) any one entity. If the Document already includes a cover text for the same cover, previously added by you or by arrangement made by the same entity you are acting on behalf of, you may not add another; but you may replace the old one, on explicit permission from the previous publisher that added the old one.

The author(s) and publisher(s) of the Document do not by this License give permission to use their names for publicity for or to assert or imply endorsement of any Modified Version.

5. COMBINING DOCUMENTS

You may combine the Document with other documents released under this License, under the terms defined in section 4 above for modified versions, provided that you include in the combination all of the Invariant Sections of all of the original documents, unmodified, and list them all as Invariant Sections of your combined work in its license notice, and that you preserve all their Warranty Disclaimers.

The combined work need only contain one copy of this License, and multiple identical Invariant Sections may be replaced with a single copy. If there are multiple Invariant Sections with the same name but different contents, make the title of each such section unique by adding at the end of it, in parentheses, the name of the original author or publisher of that section if known, or else a unique number. Make the same adjustment to the section titles in the list of Invariant Sections in the license notice of the combined work.

In the combination, you must combine any sections Entitled „History" in the various original documents, forming one section Entitled „History"; likewise combine any sections Entitled „Acknowledgements", and any sections Entitled „Dedications". You must delete all sections Entitled „Endorsements".

6. COLLECTIONS OF DOCUMENTS

You may make a collection consisting of the Document and other documents released under this License, and replace the individual copies of this License in the various documents with a single copy that is included in the collection, provided that you follow the rules of this License for verbatim copying of each of the documents in all other respects.

You may extract a single document from such a collection, and distribute it individually under this License, provided you insert a copy of this License into the extracted document, and follow this License in all other respects regarding verbatim copying of that document.

7. AGGREGATION WITH INDEPENDENT WORKS

A compilation of the Document or its derivatives with other separate and independent documents or works, in or on a volume of a storage or distribution medium, is called an „aggregate" if the copyright resulting from the compilation is not used to limit the legal rights of the compilation's users beyond what the individual works permit. When the Document is included in an aggregate, this License does not apply to the other works in the aggregate which are not themselves derivative works of the Document.

If the Cover Text requirement of section 3 is applicable to these copies of the Document, then if the Document is less than one half of the entire aggregate, the Document's Cover Texts may be placed on covers that bracket the Document within the aggregate, or the electronic equivalent of covers if the Document is in electronic form. Otherwise they must appear on printed covers that bracket the whole aggregate.

8. TRANSLATION

Translation is considered a kind of modification, so you may distribute translations of the Document under the terms of section 4. Replacing Invariant Sections with translations requires special permission from their copyright holders, but you may include translations of some or all Invariant Sections in addition to the original versions of these Invariant Sections. You may include a translation of this License, and all the license notices in the Document, and any Warranty Disclaimers, provided that you also include the original English version of this License and the original versions of those notices and disclaimers. In case of a disagreement between the translation and the original version of this License or a notice or disclaimer, the original version will prevail.

If a section in the Document is Entitled „Acknowledgements", „Dedications", or „History", the requirement (section 4) to Preserve its Title (section 1) will typically require changing the actual title.

9. TERMINATION

You may not copy, modify, sublicense, or distribute the Document except as expressly provided under this License. Any attempt otherwise to copy, modify, sublicense, or distribute it is void, and will automatically terminate your rights under this License.

However, if you cease all violation of this License, then your license from a particular copyright holder is reinstated (a) provisionally, unless and until the copyright holder explicitly and finally terminates your license, and (b) permanently, if the copyright holder fails to notify you of the violation by some reasonable means prior to 60 days after the cessation.

Moreover, your license from a particular copyright holder is reinstated permanently if the copyright holder notifies you of the violation by some reasonable means, this is the first time you have received notice of violation of this License (for any work) from that copyright holder, and you cure the violation prior to 30 days after your receipt of the notice.

Termination of your rights under this section does not terminate the licenses of parties who have received copies or rights from you under this License. If your rights have been terminated and not permanently reinstated, receipt of a copy of some or all of the same material does not give you any rights to use it.

10. FUTURE REVISIONS OF THIS LICENSE

The Free Software Foundation may publish new, revised versions of the GNU Free Documentation License from time to time. Such new versions will be similar in spirit to the present version, but may differ in detail to address new problems or concerns. See: http://www.gnu.org/copyleft/.

Each version of the License is given a distinguishing version number. If the Document specifies that a particular numbered version of this License „or any later version" applies to it, you have the option of following the terms and conditions either of that specified version or of any later version that has been published (not as a draft) by the Free Software Foundation. If the Document does not specify a version number of this License, you may choose any version ever published (not as a draft) by the Free Software Foundation. If the Document specifies that a proxy can decide which future versions of this License can be used, that proxy's public statement of acceptance of a version permanently authorizes you to choose that version for the Document.

11. RELICENSING

„Massive Multiauthor Collaboration Site" (or „MMC Site") means any World Wide Web server that publishes copyrightable works and also provides prominent facilities for anybody to edit those works. A public wiki that anybody can edit is an example of such a server. A „Massive Multiauthor Collaboration" (or „MMC") contained in the site means any set of copyrightable works thus published on the MMC site.

„CC-BY-SA" means the Creative Commons Attribution-Share Alike 3.0 license published by Creative Commons Corporation, a not-for-profit corporation with a principal place of business in San Francisco, California, as well as future copyleft versions of that license published by that same organization.

„Incorporate" means to publish or republish a Document, in whole or in part, as part of another Document.

An MMC is „eligible for relicensing" if it is licensed under this License, and if all works that were first published under this License somewhere other than this MMC, and subsequently incorporated in whole or in part into the MMC, (1) had no cover texts or invariant sections, and (2) were thus incorporated prior to November 1, 2008.

The operator of an MMC Site may republish an MMC contained in the site under CC-BY-SA on the same site at any time before August 1, 2009, provided the MMC is eligible for relicensing.

ADDENDUM: How to use this License for your documents

To use this License in a document you have written, include a copy of the License in the document and put the following copyright and license notices just after the title page:
Copyright (C) YEAR YOUR NAME.

Permission is granted to copy, distribute and/or modify this document under the terms of the GNU Free Documentation License, Version 1.3 or any later version published by the Free Software Foundation; with no Invariant Sections, no Front-Cover Texts, and no Back-Cover Texts.

A copy of the license is included in the section entitled „GNU Free Documentation License".

If you have Invariant Sections, Front-Cover Texts and Back-Cover Texts, replace the „with ... Texts." line with this: with the Invariant Sections being LIST THEIR TITLES, with the Front-Cover Texts being LIST, and with the Back-Cover Texts being LIST.

If you have Invariant Sections without Cover Texts, or some other combination of the three, merge those two alternatives to suit the situation.

If your document contains nontrivial examples of program code, we recommend releasing these examples in parallel under your choice of free software license, such as the GNU General Public License, to permit their use in free software.